Constitutions et transition démocratique en R.D. Congo

(1990-2006)

Collection « Études africaines »
dirigée par Denis Pryen et son équipe

Forte de plus de mille titres publiés à ce jour, la collection « Études africaines » fait peau neuve. Elle présentera toujours les essais généraux qui ont fait son succès, mais se déclinera désormais également par séries thématiques : droit, économie, politique, sociologie, etc.

Dernières parutions

Albert MBAN, *Manuel de gestion des documents administratifs et des archives*, 2022.
Arthur et Marius VIDO, *Regards des Européens sur les Africains entre les XVIIe et XXe siècles. 360 citations pour une contribution à l'étude de l'histoire du Sud-Bénin,* 2022.
François Xavier Noah EDZIMBI, *La Russie face aux Occidentaux en Afrique centrale*, 2022.
Federica BURINI, *Cartographie participative et aménagement du territoire en Afrique subsaharienne*, 2022.
Abbé Nestor SALUMU NDALIBANDU, *La philosophie au service de la société en Afrique, Le cas de la RDC*, 2022.
Abbé Nestor SALUMU NDALIBANDU, *La responsabilité sociale du philosophe face à la guerre en Afrique, Enjeux et perspectives*, 2022.
Gilbert GERMAIN, *Non à un plan Marshall pour l'Afrique subsaharienne*, 2022.
Azza BCHIR, *La tragédie de la performativité*, 2022.
Laurent TAGNE, *Les TIC dans le système éducatif camerounais. Cas de l'enseignement secondaire,* 2022.
Guila THIAM, *Les médias africains à l'heure de la rupture. Vers un grand rétablissement*, 2022.
André NIKWIGIZE, *Ethnisme et tragédies au Burundi, De l'identité nationale à l'identité ethnique*, 2022.
Léandre Serge MOYEN, *L'impossible État fédéral africain. Les droits fondamentaux à l'épreuve des identités culturelles nationales*, 2022.
Charlie MBALLA (dir.), *L'Etat dans les Afriques. Etat des lieux en Afrique subsaharienne,* 2022.

Ngoy-Ndouba Kamatanda
Kayamba Tshitshi Ndouba

Constitutions et transition démocratique en R.D. Congo

(1990-2006)

Préface du Professeur Eugène Banyaku Luape

L'Harmattan

Du même auteur

Le constitutionnalisme historique de la R.D. Congo,
(avec K. Ngoy-Ndouba),
Paris, L'Harmattan, 2021.

Le néoconstitutionnalisme africain. Tendances et trajectoires,
Paris, L'Harmattan, 2019.

Inmigración, conflictos sociales y segregación residencial.
Estudio de casos, Madrid, Editorial Académica Española, 2018.

Agonie et fin de la Ire République du Congo-Kinshasa,
Paris, L'Harmattan, 2018.

La paradoja francesa de la asimilación
al multiculturalismo "a la francesa",
Pamplona, Thomson Reuters Aranzadi, 2016.

5-7, rue de l'Ecole-Polytechnique, 75005 Paris
http://www.editions-harmattan.fr
ISBN : 978-2-14-025848-0
EAN : 9782140258480

À ma fille Planmedy Tshitshi Kambaji

PRÉFACE

La préface n'est ni l'inspiration d'une si brillante œuvre sur le long épilogue de la transition démocratique en République Démocratique du Congo ni la description du champ explicatif d'importants évènements survenus dans la trajectoire de la transition avec ses écueils politiques et ses dérives institutionnelles.

C'est plutôt un profilage de la problématique posée par les auteurs pour guider les lecteurs et souligner sa portée dans la compréhension du phénomène de transition démocratique au regard des dispositions mises en place par différents ordonnancements juridiques en vigueur dans chacune de grandes périodes de notre histoire politique de 1990 à 2006.

Les Professeurs Ngoy-Ndouba Kamatanda et Kayamba Tshitshi Ndouba ont consacré leur recherche dans la période allant du 24 avril 1990 au 18 février 2006 pour relever les péripéties remarquables ayant donné naissance à nouvel éveil démocratique en vue de la construction d'un Etat de droit.

La particularité de cet ouvrage intitulé « Constitutions et transition démocratique en R.D. Congo (1990-2006) » réside dans la quête intellectuelle visant à mettre en exergue le passage d'un régime autoritaire par rapport à la restriction de libertés civiques et politiques, ainsi qu'à l'érection d' entraves à la promotion sociale et économique des membres de la communauté nationale à un régime de configuration démocratique marquée par le libre choix des dirigeants en mode de compétition électorale et à celle d'instauration d'équilibre entre les trois principales institutions classiques : le législatif, l'exécutif et le judiciaire.

Les auteurs indiquent que cette phase de transition démocratique se distingue de celle de la consolidation démocratique par le jeu balançoire permanent où s'affrontent les tenants du régime autoritaire de l'ancien ordre politique et les acteurs politiques porteurs du changement pour un nouvel ordre politique doté d'institutions démocratiques.

Celles-ci ne peuvent survenir que grâce à la mise en œuvre d'actes juridiques chargés de la promotion des libertés individuelles et collectives, ainsi que du respect de l'équilibre institutionnel pour l'apaisement de l'exercice politique et pour le développement de la Nation.

Les deux Professeurs, auteurs de la présente publication, sont de père en fils respectivement docteur en droit public et en droit constitutionnel qui focalisent leur recherche d'une part sur l'analyse du processus de démocratisation d'un régime autoritaire vers un régime libéral et d'autre part sur l'appréhension des aspects formels et des dispositions juridiques du droit constitutionnel de transition.

A la combinaison de deux approches, les deux auteurs situent la transition démocratique dans une croisée de faits et de droit qui ne répondant pas encore à une catégorie normative traditionnelle et stable, mais dont la force d'usage se situe à un stage intermédiaire examiné comme un « interrègne constitutionnel » avec une validité limitée plus par la force des faits que celle du droit.

Les cinq textes examinés sont notamment celui portant sur les dispositions constitutionnelles relatives à la période de transition du 4 août 1992 adopté par la Conférence Nationale Souveraine ; l'acte harmonisé relatif à la période de transition du 2 avril 1993 ; l'acte constitutionnel de la transition du 9 avril 1994 ; le décret constitutionnel du 27 mai 1997 relatif à l'organisation et à l'exercice du pouvoir en République Démocratique du Congo et la constitution de la transition promulguée le 4 avril 2003.

Les neufs Chapitres alignés dans cet ouvrage expliquent le cheminement d'un itinéraire stratégique de lutte entre les tenants de la conservation du pouvoir autoritaire et les forces sociopolitiques du changement à la recherche d'un pacte transitionnel avec l'ancien ordre dictatorial , ainsi que le revirement entre transition contrôlée et la rupture révolutionnaire ou la dictature de la transition sous Kabila suivie après la rencontre de Sun City d'une transition partagée entre les forces belligérantes en présence et ensuite après 2011 d'une transition imposée par la violence d'Etat.

Le grand intérêt de cet ouvrage est, à la fois, la richesse d'informations fiables y contenues sur le processus de démocratisation en République Démocratique du Congo et sur les grands rappels historiques de la probable réversibilité de tout processus de démocratisation si les leviers institutionnels et constitutionnels n'y sont pas bien tenus.

Je souhaite enfin à cette gigantesque œuvre le bénéfice de large diffusion et de la lecture assidue de la part de chercheurs et d'acteurs socio-politiques intéressés par le processus de la démocratisation politique en République Démocratique du Congo.

Eugène Banyaku Luape Epotu
Professeur Emérite à l'Université de Kinshasa
Juge honoraire à la Cour constitutionnelle de la RDC

Introduction

Initiée par le discours historique du Président Mobutu du 24 avril 1990, la transition démocratique s'allongera jusqu'en 2006, date de la célébration du référendum constitutionnel et des élections législatives et présidentielles, et partant, de la mise en place des institutions politiques de la IIIe République régies par la Constitution du 18 février 2006. La transition démocratique aura duré au total 16 longues années, faites d'incertitudes, de revirements spectaculaires du contexte politique ainsi que des conflits armés ayant mis en mal la propre survie de l'État congolais. C'est aussi une période de convulsion politique aigüe qui avait nécessité d'une mobilisation décisive de la Communauté internationale.

L'objectif de toute transition démocratique est l'instauration d'un nouvel ordre démocratique durable et d'apporter des améliorations substantielles dans le domaine des libertés civiles et politiques, de promotion sociale et économique des membres de la communauté nationale et du contrôle citoyen du pouvoir politique. Cependant, le développement et l'issue d'une transition démocratique sont à la fois tributaires et résultants des contraintes structurelles et de la stratégie des acteurs mobilisés sur le champ politique transitionnel. C'est d'ailleurs ces facteurs qui expliquent les trajectoires divergentes des transitions démocratiques suivies par les États en crise, car, « à la sortie de l'autoritarisme, en fonction d'une configuration particulière donnée par le jeu entre contraintes structurelles, héritages du passé, architectures institutionnelles et stratégies des acteurs, un pays peut se doter d'institutions démocratiques durables ou, au contraire, retomber dans l'autoritarisme[1] ». Ce qui implique clairement de considérer la transition politique comme une phase distincte de la consolidation démocratique.

D'autre part, du point de vue du droit constitutionnel de transition, la transition congolaise est marquée par une inflation des textes constitutionnels, car cinq textes constitutionnels consécutifs avaient vu le jour et constituaient le cadre juridique et institutionnel de l'exercice du pouvoir politique. Il s'agit des textes suivants :

- L'Acte portant dispositions constitutionnelles relatives à la période de transition du 4 août 1992, adopté par la Conférence nationale souveraine. Ce texte n'avait jamais été promulgué par le Président Mobutu et ses institutions n'avaient pas été mises en place.
- L'Acte constitutionnel harmonisé relatif à la période de transition (Loi numéro 93-001 du 2 avril 1993).
- Acte constitutionnel de la transition (9 avril 1994)
- Le décret-loi constitutionnel n° 003 du 27 mai 1997 relatif à l'organisation et à l'exercice du pouvoir en République Démocratique du Congo.
- La Constitution de la transition promulguée le 4 avril 2003.

L'analyse des processus de démocratisation d'un régime autoritaire serait incomplète si elle ne tient pas compte des implications du droit constitutionnel de transition. Cependant, si la science politique s'est investie à fond pour saisir, dans les différents contextes géographiques, les dynamiques de démocratisation, le droit constitutionnel peine à scruter l'impact ou mieux, la relation entre les caractéristiques formelles de l'écriture des constitutions postautoritaires et le potentiel de réussite de la consolidation démocratique. En effet,

« l'analyse des processus complexes, conduisant à la disparition d'un régime politique autoritaire et à l'instauration d'un régime démocratique, impose au juriste d'étudier l'ensemble des normes,

[1] Gazibo, M. (2005) : *Les paradoxes de la démocratisation en Afrique. Analyse institutionnelle et stratégique*, Montréal : Presses universitaires de Montréal, p. 19.

matériellement et formellement constitutionnelles, qui contribuent au changement axiologique de l'ordre juridique. La succession de deux ordres constitutionnels ne saurait pas se réduire, en effet, à l'abrogation formelle de l'ancien ordre et à l'entrée en vigueur du nouveau. Bien au contraire, la transition se caractérise par des phases, marquées par l'adoption d'une pluralité d'actes juridiques, qui mettent fin au régime précédent, instaurent un régime intermédiaire et provisoire et conduisent à l'adoption de la nouvelle Constitution. La consolidation des institutions démocratiques conclut le processus transitionnel[2] ».

C'est là tout l'intérêt du juriste- constitutionnaliste qui désormais se propose d'appréhender comment et à quel degré les aspects formels des constitutions post- autoritaires influencent-ils la transformation réussie des constitutions matérielles dans les scénarios post-autoritaires ? Une telle question pose la nécessité de faire dialoguer les théories des « *democratization studies* » avec le droit constitutionnel, mais elle souligne également combien il n'est pas si aisé de saisir l'essence même du droit constitutionnel de transition.

Suivant les formulations de Perlo Nicoleta[3], deux objections majeures peuvent suffire pour établir les prémisses qui justifient l'incertitude de l'objet du droit constitutionnel transitoire. En premier lieu, puisque la constitution comprend une fonction centralisatrice et structurante de l'ordre juridique, elle a une vocation de permanence et de stabilisation. Or, la transition étant un stade intermédiaire, examiné comme « *interrègne constitutionnel* [4]», elle a toujours été considérée par la doctrine comme relevant du pur fait et non pas du droit, étant donné que, dans cette phase, aucune norme fondamentale établie ne semble fonder un ordre juridique globalement efficace et sanctionné.

---

[2] Perlo, N. « Les Constitutions provisoires, une catégorie normative atypique au cœur des transitions constitutionnelles en Méditerranée », *Revue méditerranéenne de droit public*, Volume III, 2015 http://lm-dp.org/un-extrait-de-la-rmdp-iii-les-constitutions-provisoires-n-perlo/ (consulté le 20 décembre 2020).

[3] Idem

[4] Carré de Malberg, R. (1922), *Contribution à la théorie générale de l'État* ; Paris : Sirey, (réimpression par CNRS 1962), p. 497.

Ensuite, certains profils des constitutions provisoires contredisent la catégorie normative traditionnelle de « constitution ». Elles ne sont pas adoptées pour durer dans le temps, ayant, bien au contraire, une validité limitée. En outre, des doutes persistent quant à la forme constitutionnelle qu'elles adoptent, étant donné que, le plus souvent, elles sont produites par des actes infra-constitutionnels. Toutefois, leur contenu est matériellement constitutionnel et présente des caractéristiques uniques, qui font des Constitutions provisoires une catégorie normative atypique du droit constitutionnel[5].

Ces objections s'alignent également avec les théorisations d'Emmanuel Cartier sur le droit constitutionnel transitoire[6]. Cet auteur recourt à l'expression « petite Constitution » conceptualisée par Marcel Prélot[7], pour se référer aux constitutions provisoires édictées en vue de l'adoption d'une Constitution définitive, le plus souvent après une rupture avec la Constitution précédente. Partant de l'analyse de l'histoire constitutionnelle française et du droit comparé, Cartier s'interroge sur l'existence de tels actes en tant que catégories normatives propres au droit constitutionnel ainsi que sur l'intérêt que peut représenter leur étude pour la théorie du droit en particulier et pour la matière constitutionnelle en général. Et pour mieux cerner cette notion de « petite Constitution », il énonce une double fonctionnalité de toute Constitution provisoire : d'abord la fonction structurante, commune à toutes les constitutions et ensuite une fonction « préconstituante » consistant à fixer les modalités de production de la Constitution définitive après avoir déterminé l'organe titulaire du pouvoir constituant selon le type de légitimité revendiqué par la rupture politique que le plus souvent elles sous-

---

[5] Perlo, N. « Les Constitutions provisoires, une catégorie normative atypique au cœur des transitions constitutionnelles en Méditerranée », *op. cit.* 19

[6] Cartier, E. (2007). « Les petites Constitutions : contribution à l'analyse du droit constitutionnel transitoire », *Revue française de droit constitutionnel*, 71 (3), pp. 513-534, p. 514 et suivants
https://doi-org.proxy.bibliotheques.uqam.ca/10.3917/rfdc.071.0513

[7] Prelot, M. (1949). *Précis de droit constitutionnel*, Paris : Dalloz, p. 307.
Cet auteur l'appliqua à la loi constitutionnelle du 2 novembre 1945 en 1949 dans son Précis de droit constitutionnel avant de développer le concept en 1961 dans son Précis d'institutions politiques et de droit constitutionnel.

tendent. Il en en conclut que ces Constitutions sont donc à la fois *provisoires* par leur durée et transitoires du fait qu'elles permettent le passage d'une Constitution à une autre, c'est-à-dire la succession de deux ordres juridiques. Elles sont censées épuiser l'ensemble de leurs effets dans l'accomplissement de leur fonction dite « préconstituante », sous réserve de la prorogation de certaines de leurs dispositions par la *Constitution définitive*, qui leur confère ainsi une continuité matérielle sous une forme nouvelle[8].

Pour Emanuel Cartier, les constitutions provisoires ou transitoires s'inscrivent dans une triple dimension temporelle. Par rapport au passé d'abord. Elles sont issues d'une rupture avec l'ordre juridique précédent et partant, elles participent à la réception d'une partie de ses composantes dans un ordre nouveau. Ensuite par rapport au présent. Elles organisent à titre provisoire les rapports entre les pouvoirs publics, sur la base d'un texte non nécessairement de forme constitutionnelle, et contribuent de ce fait à la définition d'un ordre juridique de transition, relais plus ou moins formalisé. Enfin, par rapport au futur. Elles participent à la détermination du titulaire du pouvoir constituant dit « originaire » en définissant les modalités de production de la Constitution définitive. Ce faisant, les *petites Constitutions* contribuent à la définition d'un droit transitoire matériellement constitutionnel.

Pour sa part, le professeur Hourquebie assimile les constitutions transitoires aux « constitutions de sortie de crise » car elles ont vocation à régenter cette période et cette zone grise constitutionnelle appelée « transition », qui suivent les crises politiques. Durant cette période,

> « *la définition d'un nouveau modèle politique et constitutionnel devient une priorité avec des exigences sommes toutes assez classiques, mais indispensables : adoption d'un régime politique bien souvent de type présidentiel ou semi-présidentiel ; émergence du pluralisme politique et d'élections concurrencées ; promotion des droits fondamentaux et instauration des cours constitutionnelles*

---

[8] Cartier, E. (2007). « Les petites Constitutions : contribution à l'analyse du droit constitutionnel transitoire », *Revue française de droit constitutionnel*, 71 (3), pp. 513-534, p. 515

véritables gardiennes de ces droits et garantes de la démocratisation de l'État[9] ».

Partant de ces prémisses, cet ouvrage se propose d'analyser le processus congolais de transition démocratique du point de vue du droit constitutionnel et des institutions politiques. Ainsi, l'ouvrage appréhende l'organisation et l'exercice du pouvoir politique au Congo durant la période de transition vers la IIIe République, et ce par rapport à la théorie générale du droit constitutionnel.

Fondée sur les notions d'« institutions » et de « politiques », cette étude s'efforce de déterminer la nature et la spécificité des régimes politiques établies dans les cinq (5) textes qui ont régi la période transitoire (1990 -2006). À ces deux notions essentielles de cet ouvrage, s'ajoute celle de « régime politique » qui désigne le mode d'organisation des pouvoirs publics : mode de désignation, compétences, définition des rapports entre les différents pouvoirs. D'après Maurice Duverger, on entend par régime politique,

> « *un ensemble complet d'institutions coordonnées et articulées qui se réfère à la fois, au fondement du pouvoir, au choix des gouvernants, à leur structure et à leur limitation. En clair, les régimes politiques sont des constellations dont les institutions sont des étoiles*[10] ».

L'étude des régimes politiques permet d'amorcer à la fois celle des institutions politiques. Nous étudions dans cet ouvrage les régimes politiques tels qu'organisés dans les différentes Constitutions ayant régi la transition démocratique en RD Congo, par l'analyse de type empirique et descriptif formel. Ceci nous permet d'amorcer une réelle contribution à l'histoire des Institutions de la R.D Congo.

---

[9] Hourquebie F. « Néo-constitutionnalisme et contenu des constitutions de transition : quelle marge de manœuvre pour les constitutions de transition ? » *Annuaire international de justice constitutionnelle*, 30-2014, 2015. Juges constitutionnels et doctrine - Constitutions et transitions, pp. 587-602, p. 587. https://doi.org/10.3406/aijc.2015.2258

[10] Duverger, M. (1965). *Les régimes politiques*, Paris : Presses universitaires de France, cité par Ndjoli Eseng'Ekeli, J. (2013), *Droit constitutionnel, expérience congolaise (RDC)*, Paris : L'Harmattan, p. 176

En outre, pour mieux faire dialoguer le droit constitutionnel transitoire avec les « *democratization studies* », il convient de préciser quels outils méthodologiques seront mobilisés pour ce faire. Le traitement des textes constitutionnels effectué dans cet ouvrage s'efforce de combiner la méthode exégétique et la méthode dialectique. Les 5 textes constitutionnels de la transition seront appréhendés comme des règles de droit qu'il convient d'analyser comme porteurs des valeurs en elles- même et de les disséquer analytiquement pour comprendre leur portée juridique, loin de toute considération littérale. Ensuite, nous situant dans la ligne de Duguit, nous envisageons le texte constitutionnel comme un élément du contexte social où il est inséré, dont elle est le produit, voire le moteur, mais dont il est vain de l'isoler. À travers la méthode dialectique, nous insérons une certaine dose de l'approche sociologique du phénomène juridique pour rendre compte de certaines options doctrinales propres de la théorie générale du droit constitutionnel, c'est à dire, en nous éloignant le plus loin possible du pur juridisme. En effet, le droit est aussi un fait de culture, puisqu'il est le régulateur des relations sociales. La conception et la finalité du droit diffèrent d'une culture à l'autre, d'un type de société à une autre.

L'analyse des textes constitutionnels sera précédée de quelques formulations théoriques portant sur les notions d'« institutions », de « politiques », de la transition démocratique et le droit constitutionnel transitoire, qui constituent le cadre théorique de cette étude.

CHAPITRE PREMIER

Transition démocratique et droit constitutionnel. Les aspects théoriques du constitutionnalisme de transition

I. LES INSTITUTIONS POLITIQUES

Nous venons de préciser dans l'introduction que cette étude est fondée sur les notions de « institutions » et « politiques ». Ces deux mots peuvent être expliqués comme suit :

Institution : Le mot « institution » est un concept flou et vague, parce qu'il désigne plusieurs réalités vivantes et variées. Le terme institution vient du verbe latin *instituere* qui signifie créer, fixer, établir, fonder, etc., c'est-à-dire, tout ce qui est inventé, créé, établi par l'homme d'une manière durable et permanente. Donc une institution est une création humaine à l'opposé du fait naturel. André Turmel affirme que :

> *« Parmi les éléments constitutifs d'une société, les plus marqués sont les institutions. Elles sont notamment caractérisées par un haut degré de permanence ; elles sont de plus cristallisées, voire sédimentées, dans l'histoire d'une société. À vrai dire, les institutions sont le point nodal de la constitution des personnes en acteurs sociaux ; c'est par et à travers les institutions qu'une personne devient un acteur social doté d'habiletés et de capacités pouvant en faire un membre actif dans une société[11] ».*

[11] Turmel, A. « Le retour du concept d'institution », Turmel, A. (dir) (1997). *Culture, institution et savoir*, Québec : Les Presses de l'Université Laval/CEFAN, pp. 1-24, p. 1.

Dans l'usage courant ou journalistique, la notion d'institution se réfère à un groupe, à une collectivité ou un groupement de personnes, c'est-à-dire, à un ensemble d'acteurs qui sont regroupés autour d'une fonction sociale reconnue, légitime, et dont le comportement est prévisible et attendu. Une prison, un hôpital ou une école sont des institutions. En effet, comme l'affirme Giddens, « *un hôpital remplit une fonction sociale particulière qui tourne autour des besoins de santé ; y est prévisible le comportement des acteurs qui en sont partie prenante : médecins, malades, techniciens, personnel de soutien* »[12].

Comme on peut l'observer, ce langage courant confond le concept d'institution avec celui d'établissement. L'établissement est d'abord un lieu physique et géographique où se déroule un certain nombre d'activités articulées autour d'une fonction sociale. L'établissement constitue un existant empirique, au sens de lieu et d'espace historiquement situé et daté. L'institution peut s'y manifester, sans jamais toutefois se confondre à terme avec l'établissement. Il y a amalgame entre les deux, lorsque l'institution est rabattue et réduite sur l'établissement.

En outre, le concept « institution » ne saurait être confondu avec celui d'organisation. Une prison, un hôpital ou une école sont aussi des organisations fonctionnant selon les paramètres organisationnels habituels avec une hiérarchie de pouvoir, une structure formelle et informelle d'autorité, une division du travail, un contrôle des tâches, des contraintes budgétaires, etc.

Dans ses analyses, Freitag s'intéresse particulièrement à cette opposition dichotomique institution/organisation. Pour ce faire, il s'inspire de la notion weberienne de « rationalité instrumentale » (l'opposée de la rationalité en valeur ou culturelle). Il affirme donc que « l'institution se définit par la nature de sa finalité, qui est posée, définie et rapportée au plan global et universel de la société, et elle participe elle-même du développement expressif des valeurs à prétention universelle qui sont propres à la fin qu'elle sert ». Par contre, poursuit-il « l'organisation se définit de manière instrumentale : elle appartient à l'ordre de l'adaptation des moyens en vue de l'atteinte

[12] Giddens, A. (1987), *Sociology. À Brief but Critical Introduction,* New York: Harcourt, Brace, Jovanovich, p. 8

d'un but ou d'un objectif particulier »[13]. On voit là se profiler l'idée d'utilité, d'efficacité et d'efficience, composantes incontournables de la rationalité instrumentale.

Pour André Turmel, une institution « constitue un ensemble de dispositions et d'aménagements qui sont culturellement et socialement construits autour d'une activité sociale et qui tendent à se perpétuer dans l'espace et le temps. Autrement dit, *stable designs for chronically repeated activity sequences* [14]»

En outre, il convient de signaler que Parsons et ses disciples se servent du concept d'institution pour définir celle de « structure sociale ». Pour ces auteurs, la structure est « une intégration institutionnelle »[15]. « La structure consiste dans une combinaison et une différenciation des institutions [16]» « La structure d'un système social est stabilisée et renforcée par l'institutionnalisation des modèles et des valeurs »[17]. Dans son livre, *The Social System*, Parsons propose la classification suivante des institutions :

- **Institutions ayant trait aux relations** (« *Relational Institutions* »), qui définissent l'expectation des rôles comme telle, indépendamment du contenu des intérêts ;
- **Institutions regulatives**, qui définissent « la légitimité de la poursuite des intérêts privés, en tenant compte des buts et des moyens » ; ces institutions peuvent être : a) « Instrumentale », b) « expressives » et c) « morales » ;
- **Institutions culturelles**, qui peuvent être de trois genres : a) « croyances et cognitives », b) « systèmes des symboles expressifs », c) obligations morales privées

Politiques : Pour Georges Balandier, le terme « politique » s'applique aux phénomènes concernant le gouvernement des sociétés humaines, que l'État soit ou ne soit pas nettement constitué.

---

[13] Freitag, M. (1993), « La recherche dans l'université et la société. Le bateau ne coule pas encore, mais l'eau monte... », *Société,* 11 (été), pp. 7-42, p. 11.
[14] Turmel, A. « Le retour du concept d'institution », *op. Cit, p.1*
[15] Parsons, T. (1951). *Social System*, Glencoe: Free Press, p. 36
[16] Ib., pp. 137 et suivants
[17] Ib., p. 5

Il s'agit alors d'une acception plus large du concept, car il retient trois dimensions du « politique »[18] :

- les formes d'organisation du pouvoir ;
- les stratégies résultant de la compétition des individus et des groupes (*policy* au sens anglo-saxon) ;
- à un moindre degré, la « connaissance politique »

Au-delà de la polysémie, ambiguïté et incertitude, le terme « politique », a traditionnellement été associé et connecté à deux notions : l'État et le pouvoir.

D'une part, restant dans le droit fil de la conception d'Aristote sur la *Polis,* considérée comme la société principale, les définitions traditionnelles s'inscrivent dans une perspective organique définissant la politique par rapport à l'État, considéré comme le cadre prééminent de l'action et de la vie politique[19]. Max Weber[20] situe aussi sa définition du *politique* dans la mouvance du rapport à l'État en y ajoutant les moyens objectifs de l'action politique qui sont des attributs de l'État : les notions de territoire, organisation administrative et contrainte physique. Pour cet auteur, « *Est politique un groupe de domination dont les ordres sont exécutés sur un territoire donné par une organisation administrative qui dispose de la menace et du recours à la violence physique* ».

D'autre part, un bon nombre d'auteurs contemporains comme Dahl, Burdeau et Duverger ou Aron s'inspirent d'une conception fonctionnelle de la politique. Ils définissent cette notion du politique par rapport au pouvoir, considéré comme un phénomène social, la politique étant l'exercice du pouvoir, tout politique ayant une dose de pouvoir, de domination ou d'autorité.

---

[18] Balandier, G. « Réflexions sur le fait politique : le cas des sociétés africaines », *Cahiers internationaux de sociologie*, vol. 37, juillet-décembre 1964, pp. 23-50.

[19] Cot, J.P. et Mounier, J.P. (1974). *Pour une sociologie politique*, tome 1, Paris : Seuil.

[20] Weber, M (1971). *Economía y sociedad*, La Habana: Editorial de Ciencias Sociales.

En se fondant sur les rapports contradictoires engagés des couples d'opposition État/société civile, élites politiques/ peuple, Bayart considère que le « champ » politique représente cet espace privilégié et professionnalisé du macrocosme social ou se construit et se reconstruit le jeu et les relations politiques[21].

Pierre Bourdieu[22] pour sa part, définit le champ politique comme « un microcosme, c'est - à - dire un petit monde social. On y trouvera un tas de propriétés, de relations, d'actions et des processus que l'on trouve dans le monde global, mais ces processus, phénomènes y revêtent une forme particulière ». C'est ce qui est contenu dans la notion d'autonomie : « un champ est un microcosme autonome à l'intérieur du macrocosme social. » Dans cette définition, l'auteur insiste sur la propriété d'autonomie de cet univers politique, en ce qu'il est régi par ses propres codes, principes et règles de fonctionnement, tout en mettant en œuvre des critères d'évaluation qui lui sont propres et partant, différents du monde social ordinaire.

En outre, l'autonomie du champ politique, selon Bourdieu, implique naturellement une logique propre et cette logique est au principe des prises de position de ceux qui y sont engagés. Elle implique qu'il y a un intérêt spécifique qui n'est pas « *automatiquement réductible aux intérêts des mandants. Le fonctionnement en champ produit une sorte d'effet de fermeture : plus un espace politique s'autonomise, plus il avance selon sa logique propre, plus il tend à fonctionner conformément aux intérêts inhérents au champ, plus la coupure avec les profanes s'accroit* [23]».

Dans le cadre de cet ouvrage, nous prenons cette expression dans son sens scientifique qui signifie un ensemble de connaissances (le savoir) se rapportant à l'État. Ce qui fait qu'en unifiant les deux concepts (institution et politique), nous évoquons davantage l'organisation supérieure de l'État, la détermination

---

[21] Bayart, J.-F. (2000), «Africa in the World: A History of Extraversion», *African Affairs*, 99, Issue 395, 1 April 2000, pp. 217–267

[22] Bourdieu, P. (2000). *Propos sur le champ politique*, Lyon : Presses universitaires Lyon.

[23] Idem, p. 58

des fonctions de ses organes dits politiques c'est-à-dire ceux qui sont chargés de la gestion des intérêts de l'État.

II. Transition démocratique, transitologie et consolidologie

L'ouvrage de Guillermo O'Donnell et Philippe Schmitter intitulé « *Transitions from Authoritarian Rule : Tentative Conclusions about Uncertain Democracies*[24] » est l'un des textes les plus influents sur l'étude des transitions démocratiques dans les sciences politiques contemporaines. Il constitue une pièce fondamentale à l'origine de la « transitologie », une sous-discipline des « *democratization studies* ».

En effet, depuis les années 1990, le changement politique a été principalement analysé sous l'angle des processus de transition. La « transitologie », formulée dans les années 1980 est devenue une école dominante pour comprendre les changements politiques intervenus en Europe du Sud, en Amérique latine et en Afrique subsaharienne. Sur ces nouveaux terrains, le changement politique allait le plus souvent de pair avec un changement économique (transition à l'économie de marché pour l'ancien bloc soviétique, ajustement structurel et conditionnalités libérales pour l'Afrique)[25]. À ses débuts, les formulations théoriques de la transitologie étaient fortement inspirées du contexte politique très structurant des années 1980-1990 dans lequel la démocratisation était à la fois un objectif politique universel et une valeur morale. Elles cherchaient à comprendre fondamentalement l'évolution des pays qui se débarrassaient d'un pouvoir autoritaire (Grèce, Portugal, Espagne et Amérique latine).

---

[24] O'Donnell G. et Schmitter, P.C. (1986) *Transitions from Authoritarian Rule: Tentative Conclusions about Uncertain Democracies*, Baltimore: Johns Hopkins University Press.

[25] Dufy, C. et Thiriot, C. (2013). « Les apories de la transitologie : quelques pistes de recherche à la lumière d'exemples africains et postsoviétiques », *Revue internationale de politique comparée*, vol. 20 (3), pp. 19-40. https://doi-org.proxy.bibliotheques.uqam.ca/10.3917/ripc.203.0019

De ce fait, l'objet de la transitologie[26] consiste à analyser le changement des procédures politiques au cours d'une période couvrant l'effacement d'un régime autocratique et les efforts pour implanter une démocratie. O'Donnell et Schmitter[27] donnent une définition canonique du concept de transition : elle constitue « l'intervalle entre un régime politique et un autre ». La centralité de leurs analyses traite non seulement de la phase de transition vers la démocratie, mais aussi le résultat ou mieux au sort de l'aboutissement du processus de transition. Pour Guilhot et Schmitter, le concept de transition définit :

> « *Un de temps délimité à chaque extrémité par l'existence d'un régime politique présumé stable. Cette période est une sorte d'interrègne qui ne se laisse pas définir par des procédures, des normes et des conduites prévisibles, mais plutôt par des conflits portant sur la nature et la forme des premières, et sur l'impact qu'elles auront sur les secondes. Les transitions, par conséquent, se laissent mieux saisir comme des situations politiques "sous-déterminées" où l'absence de règles claires et les conflits opposants différents acteurs sur la nature de ces règles rendent les évolutions politiques extrêmement imprévisibles*[28] ».

À ce jour, la transitologie expérimente un changement de perspectives à partir de la constatation empirique de l'inadéquation de ses outils traditionnels pour expliquer les transformations des politiques des États subsahariens ou post-soviétiques. Elle se débarrasse progressivement de sa conception téléologique du changement politique édifiée par le modèle implicite de la démocratie occidentale. La critique a produit un glissement de perspective qui ne se focalise plus exclusivement sur le changement politique lui- même, sinon qu'elle produit des

---

[26] Voir à ce sujet les critiques des principes explicatifs de la transitologie formulées par Dorby Michel. Dobry, M. « Les voies incertaines de la transitologie : choix stratégiques, séquences historiques, bifurcations et processus de path dependence », *Revue française de science politique*, 50e[e] année, n° 4-5, 2000. pp. 585-614; https://www.persee.fr/doc/rfsp_0035-2950_2000_num_50_4_395499

[27] O « Donnell, G et Schmitter PC. (1986), *Transitions from Authoritarian Rule: Tentative Conclusions about Uncertain Democracies*, Op. Cit, p. 6.

[28] Guilhot, N. et Schmitter, P.C. « De la transition à la consolidation : une lecture rétrospective des democratization studies », *Revue française de science politique*, août-octobre 2000, Vol. 50, No. 4/5, pp. 615-631, p. 618.

propositions analytiques pour saisir les régimes politiques issus de ce changement politique notamment dans la perspective de la consolidation démocratique. On en arrive alors au passage de la « transitologie » vers la « consolidologie[29] » produisant ainsi la théorie des régimes hybrides qui rendent compte de la diversité des régimes issus des transitions, plus tout à fait autoritaires, mais pas encore réellement démocratiques.

Ce glissement suggère, avant toute chose, que l'émergence de nouveaux arrangements politiques ne suffit pas à déclarer clos le processus de changement de régime. Ce processus reste « virtuel » jusqu'à ce que les règles autour desquelles un accord limité s'est constitué ne deviennent l'unique référent comportements politiques[30]. Ce qui appelle à la socialisation des règles et des procédures du jeu politique. La centralité de l'analyse ne porte plus sur le changement de la nature des politiques, mais plutôt sur le degré d'institutionnalisation des règles les définissant. Pour Ethier, les théories la consolidation tendent à privilégier l'étude du « consensus qui se forme autour des nouvelles ressources institutionnelles et procédurales, d'abord au niveau d'une élite politique, et ensuite au niveau de l'ensemble des citoyens[31] ».

C'est ainsi que plusieurs auteurs ont ainsi exploré l'application des hypothèses et prescriptions des séquences et dynamiques générales de transformation des régimes politiques aux contingences africaines de démocratisation.

À ce jour, la transitologie et la consolidologie trouvent en Afrique noire un terrain d'analyse très fécond pour essayer de comprendre l'occurrence de la démocratie et surtout les raisons qui expliquent qu'elle résiste ou succombe. Ainsi, dans le contexte des États d'Afrique noire, les approches déterministes[32]

---

29 Guilhot, N. et Schmitter, P.C. « De la transition à la consolidation : une lecture rétrospective des democratization studies », *op. Cit.*

30 Idem, p. 619.

31 Ethier, D. « Processes of Transition and Democratic Consolidation: Theoretical Indicators", Ethier, D. (ed.), *Democratic Transition and Consolidation in Southern Europe, America and Southeast Asia*, Houndmills, Londres: Macmillan, 1990, pp. 3-21, p. 6.

32 Seymour M. L. « Some Social Requisites of Democracy », *American Political Science Review*, vol. 53, mars 1959, p. 69-105. Voir aussi, Seymour

(le développement économique comme préalable à la réussite du processus de démocratisation), les approches volontaristes[33] (l'importance du leadership et de l'individu rationnel) et culturalistes ont été progressivement écartées pour privilégier l'approche néo-institutionnelle qui saisit la démocratisation comme une construction institutionnelle opérée par des acteurs concrets, mais les choix de ces acteurs ne sont pas exempts de contraintes. On comprend dès lors que cette approche met en exergue la variable stratégique des acteurs politiques tout en pondérant le poids des facteurs limitatifs tels que les contraintes structurelles économiques, les héritages du passé ou les architectures institutionnelles sur les acteurs dans la construction démocratique[34].

III. LES MODES DE TRANSITION DÉMOCRATIQUE

Gazibo Momoudou définit la transition démocratique comme « la période qui s'écoule entre les premières mesures d'ouverture du régime autoritaire et la tenue des premières élections dites fondatrices ». Il estime également que la durée de cette période varie selon les pays, mais analytiquement, la transition démocratique peut être exposée selon trois versants principaux, qui font consensus dans la littérature : 1) la libéralisation, qui amène à s'interroger sur le contexte interne et externe dans lequel les processus de démocratisation ont émergé et sur les acteurs engagés dans ces processus, 2) les modes de transition, et enfin

---

M. L, Kyoung-Ryung S. et Torres, J.C « Une analyse comparative des prérequis sociaux de la démocratie », *Revue internationale des sciences sociales,* n° 136, mai 1993, pp. 181-205.

[33] Voir Przeworski, A. (1991), *Democracy and the Market: Political and Economic Reforms in Eastern Europe and Latin America*, Cambridge: Cambridge University Press.

Voir egalement Linz, J et Stepan, A. (1978), *The Breakdown of Democratic Regimes: Crisis, Breakdown and Reequilibration*, Baltimore/Londres: Johns Hopkins University Press.

[34] Gazibo, M. (2005) : *Les paradoxes de la démocratisation en Afrique. Analyse institutionnelle et stratégique*, Montréal : Presses universitaires de Montréal, p. 12.

3) les premières élections qui clôturent la transition et qui, si elles sont libres et transparentes, fondent la démocratie[35].

L'analyse des modes de transition est essentielle pour comprendre les dynamiques de démocratisation des régimes politiques. Pour Terry Linn Karl, qui a largement étudié les modes de transition en Amérique latine, un mode de transition renvoie à l'ensemble des arrangements institutionnels et politiques pris par les principaux acteurs politiques pour encadrer la période de changement de régime. Il s'agit principalement de nouvelles règles, de nouveaux rôles et de nouveaux comportements établis, lesquelles dispositions peuvent ou non représenter une rupture importante avec le passé. Ces dispositions façonnent les perspectives de consolidation du régime à l'avenir[36].

Les modes de transition appréhendent principalement les interactions stratégiques entre les principales forces politiques qui concurrent à définir et à mettre en pratique le cadre juridique et politique devant régir la période de transition, car ce sont ces interactions qui aident à déterminer la qualité et le type des institutions démocratiques mises en place. C'est justement en se basant sur les potentiels résultats et aboutissements des interactions entre les acteurs politiques mobilisés dans la négociation pour la transition que Terry Linn propose deux grilles d'analyse qui distinguent :

D'une part, les cas où les transitions sont le résultat d'une stratégie basée principalement sur la force manifeste de ceux où les démocraties naissent d'un compromis.

D'autre part, les transitions dans lesquelles les groupes dirigeants en place, aussi affaiblis soient-ils, sont encore en ascension par rapport aux acteurs de masse et celles dans lesquelles les acteurs de masse ont pris le dessus, même temporairement, par rapport aux élites dominantes.

Le croisement entre ces deux grilles d'analyse amène l'auteur à proposer une typologie idéale de 4 modes transition démocratique :

---

[35] Gazibo, M. (2010). *Introduction à la politique africaine.* Montréal : Presses de l'Université de Montréal.
Extrait de http://books.openedition.org/pum/6371

[36] Terry Lynn, K, "Dilemmas of Democratization in Latin America", *Comparative Politics*, Vol. 23, No. 1 (Oct. 1990), pp. 1-21.

- **La réforme** : décision imposée par les masses sans recours à la force ;
- **La révolution** : une issue par la force imposée par les masses ;
- **L'imposition** : décision unilatérale des élites par la force ;
- **Le pacte** : un compromis multilatéral entre élites[37].

Ces 4 cadres analytiques permettent de cerner, de contextualiser et de comparer les différentes dynamiques de la troisième vague de démocratisation.

La science politique africaine s'est beaucoup investie pour développer un cadre théorique d'analyse des phénomènes de transition politique initiée à la fin des années quatre-vingt et le début des années quatre-vingt-dix. En effet, durant cette période, l'Afrique noire a été le théâtre des mouvements de contestations et de revendications démocratiques d'une ampleur inimaginable. Les forces vives de la Nation, converties en « forces de changement », « forces revendicatrices de la démocratie », ont effet provoqué la fin de l'ère du constitutionnalisme autoritaire ou rédhibitoire, donnant ainsi naissance à un nouveau constitutionnalisme aligné à la « pensée constitutionnaliste universelle libérale », dépouillée de la dimension prétendument *africaniste*[38]. Ce revirement a été d'abord perceptible par l'appropriation populaire du processus de production constitutionnelle aux fins de créer les conditions optimales de construction d'un nouvel édifice institutionnel garant de l'équilibre des pouvoirs et l'instauration de l'État de droit[39].

Dans le lot de cette littérature abondante consacrée aux dynamiques et aux paradoxes de la démocratisation en Afrique, les contributions de Mamoudou Gazibo[40] fournissent des pistes de

---

[37] Terry Lynn, K, "Dilemmas of Democratization in Latin America", *op. cit.*

[38] Maidor Fall, I. (2008): *le pouvoir exécutif dans le constitutionnalisme des États d'Afrique*, Paris : L'Harmattan, Paris, p. 22.

[39] Tshitshi Ndouba, K. « Les limites du néo-constitutionnalisme africain : réflexions sur les distorsions constitutionnelles dans les états francophones d'Afrique noire, *Revista General de Derecho Público Comparado* 23 (2018).

[40] Gazibo, M. (2010) : *Introduction à la politique africaine*, op. cit.

recherche assez intéressantes. En rapport avec les modes de transition, cet auteur qui intègre l'essentiel des propositions analytiques de Terry Linn dans le contexte du processus de démocratisation des régimes politiques africains insiste sur deux éléments interdépendants : en premier lieu, l'analyse des rapports de force entre les différents acteurs, notamment de la position des tenants du pouvoir. En second lieu, le contexte dans lequel la démocratisation a été initiée.

Pour Gazibo, c'est ce contexte qui influence les interactions entre les acteurs et détermine les marges de manœuvre dont disposent les protagonistes du jeu politique. Il peut affaiblir les régimes ou les laisser en possession de leurs ressources, renforcer les groupes revendiquant la démocratie ou limiter leur influence.

Les rapports de force ainsi créés déterminent en retour la formule par laquelle se fera l'ouverture politique. Tenant en compte ces deux grilles et en s'inspirant des élaborations de Francis Akindès[41], de Michael Bratton et Nicolas Van De Walle[42], Gazibo adapte la typologie proposée par Terry Linn au contexte des processus de démocratisation des régimes politiques africains. Il distingue ainsi cinq modes de transition dans le cas de l'Afrique : la conférence nationale, la transition par pacte, la transition arrachée, la transition contrôlée ou la transition par réformes. Nous essayerons d'appliquer cette typologie aux différentes étapes constitutionnelles du processus de démocratisation ayant eu cours en République démocratique du Congo.

Voir aussi Gazibo, M (2005), *les paradoxes de la démocratisation en Afrique : Analyse institutionnelle et stratégique,* Montréal : Presse de l'Université de Montréal.

[41] Akindès, F. (1996), *les mirages de la démocratie en Afrique subsaharienne francophone*, Paris : Karthala.

[42] Bratton, M. et Van De Walle, N. (1997), *Democratic Experiments in Africa, Regime Transitions in Comparative Perspective,* Cambridge: Cambridge University Press.

CHAPITRE 2

À la recherche d'un pacte transitionnel : les vicissitudes de la Conférence nationale souveraine

I. LA CONFÉRENCE NATIONALE COMME MODE DE TRANSITION

La conférence nationale comme mode transition a été la modalité innovante et spécifique mise en œuvre par bon nombre des pays francophones d'Afrique [43]. Elle est une instance, une procédure institutionnelle qui a pu canaliser et intégrer le double mouvement de revendication et de réformes politiques en Afrique noire, « un moment et un lieu privilégié pour observer les modalités de traduction des doléances, le potentiel mobilisateur de la revendication démocratique, mais aussi les mécanismes de conversion des ressources, de représentation-construction des groupes mobilisés. Elle permet également d'observer les stratégies d'instrumentalisation des mobilisations et les luttes pour la gestion du sens, pour la définition de la situation qui vont peser sur l'issue de la crise[44] ».

[43] Bénin : 19 au 28 février 1990, Congo : 25 février au 10 juin 1991, Gabon : 27 mars au 19 avril 1990, Niger : 29 juillet au 3 novembre 1991, Mali : 29 juillet au 12 août 1991, Togo : 10 juillet au 28 août 1991, Zaïre : 7 août 1991 au 6 décembre 1992 et Tchad : 15 janvier au 7 avril 1993.

[44] Banegas, R. « Action collective et transition politique en Afrique. La conférence nationale du Bénin », Cultures & *Conflits* [En ligne], 17/printemps 1995, mis en ligne le 04 mars 2005, consulté le 18 mars 2022.
URL : http://journals.openedition.org/conflits/320

Bien qu'ayant revêtu des formes différentes selon les contingences contextuelles nationales, les Conférences nationales ont partagé en commun deux fonctions principales.

D'abord la fonction de rituel de transgression ayant permis d'évacuer symboliquement les conflits, en mode. Cette approche symbolique saisit l'impact de la Conférence nationale sur les imaginaires politiques. Se penchant spécifiquement sur le cas béninois qui a servi de modèle à d'autres États, Banégas[45] propose 4 modèles d'approches symboliques de celle-ci : la Conférence nationale comme fête et rite d'inversion, la Conférence nationale comme rite thérapeutique, la Conférence nationale comme procès en sorcellerie, et la Conférence nationale comme espace public de la parole (la palabre africaine).

Ensuite, la fonction constituante originaire marquant la rupture avec le constitutionnalisme autoritaire. En effet, en dépit de leur diversité, les Conférences nationales souveraines optèrent pour une transition fondée sur la rupture avec l'ancien régime et non sur une réforme progressive. Cette rupture se concrétise juridiquement par la mise en place de nouveaux pouvoirs, donc de nouvelles institutions et de valeurs démocratiques, grâce à une nouvelle Constitution, adoptée au regard de sa déclaration de souveraineté.[46]

Le professeur Jean du Bois de Gaudusson insiste aussi sur la dimension rupturiste et révolutionnaire des conférences nationales, puisqu'elles marquent, selon l'auteur, « une nouvelle orientation politique dans le sens d'un ordre constitutionnel qui n'est plus ineffectif par principe, avec des institutions qui ne sont plus les simples figurants d'un jeu politique moins fermé, plus accessible ». De ce fait, les Conférences nationales ont cristallisé non seulement une réaction contre un ordre autoritaire et une contestation plus ou moins poussée d'un pouvoir établi, bloqué et usé, mais encore une certaine libéralisation du jeu politique par la reconnaissance de plusieurs libertés publiques, notamment d'expression et de presse, par l'organisation d'élections

---

[45] Banégas, R. (2003). *La démocratie à pas de caméléon : Transition et imaginaires politiques au Bénin*, Paris : Karthala.

[46] Besse, M. (1998). *La Conférence nationale souveraine, un pouvoir constituant original*, Faculté de Droit de Clermont-Ferrand. CERDES.

compétitives mettant en présence une pluralité de partis politiques, bref une évolution vers la démocratie, le libéralisme et le constitutionnalisme[47].

Sur un autre registre des conférences nationales, d'autres auteurs ont tenté d'établir des points de convergences et de divergences entre les différentes expériences des Conférences nationales comme mode de transition. À ce sujet, Gazibo[48] retient trois caractéristiques générales. D'abord, elle a été en général mise sur pied dans des pays dirigés alors (ou ayant été dirigés) par un parti unique plébiscitaire, dans lequel il y avait peu ou pas de compétition, mais avec des rituels de participation qui ont, pour ainsi dire, pavé la voie au modèle « participatif » de la Conférence. Ensuite, dans les pays engagés dans le mode de transition par Conférence nationale, la crise économique a beaucoup délégitimé le pouvoir et conduit à des protestations, mais elle n'a pas suffisamment renforcé l'opposition pour lui permettre de faire table rase des institutions en place. Les parties qui s'affrontent s'engagent alors dans un forum qui regroupe des représentants issus des institutions officielles, des organisations politiques, des associations professionnelles et d'organisations de toutes sortes en vue de faire la critique de l'ordre autoritaire et de proposer un nouvel arrangement institutionnel. Enfin, ce mode de transition a été observé essentiellement dans des pays francophones en raison de l'influence du modèle français.

Par ailleurs, d'autres auteurs mobilisent une approche stratégique de la conférence nationale. Cette littérature politologique s'efforce de comprendre pourquoi la Conférence nationale, conçue au départ comme une simple procédure de renégociation du « compromis postcolonial », va échapper à ses instigateurs et accoucher d'un nouvel ordre politique. Ces analyses prennent en compte les dynamiques qui ont permis aux acteurs de la transition d'instrumentaliser la conférence nationale pour garder le pouvoir ou le conquérir. Cette approche stratégique met en exergue les facteurs qui ont relégué la démocratisation au second plan, car, la victoire d'un camp politique sur son adversaire augurait déjà mal des

---

47 de Gaudusson, J.DB « L'Afrique des après-conférences nationales », Salvaing, B (dir) (2015), *pouvoirs anciens, pouvoirs modernes de l'Afrique d'aujourd'hui*, Rennes : Presses universitaires de Rennes, pp. 195-199.

48 Gazibo. M. (2010). *Introduction à la politique africaine*, op. cit. p. 167 et suivants

chances de consolidation. C'est d'ailleurs ce facteur qui explique les restaurations autoritaires ou la reconstitutionnalisation des pouvoirs autoritaires d'après les conférences nationales[49].

II. De la « Conférence constitutionnelle » à la « Conférence nationale souveraine ». Des ambiguïtés entretenues sur la nature et les objectifs des assises

La Conférence nationale souveraine zaïroise (CNS) reste jusqu'à ce jour la plus longue d'Afrique, mais dont les résolutions n'ont pas été appliquées. Convoquées par l'Ordonnance n° 91-097[50] signée par le Président Mobutu, les assises de la Conférence nationale souveraine avaient débuté effectivement le 6 avril 1991 dans une euphorie générale et se sont clôturées le 6 décembre 1991. Elles ont duré exactement 8 mois. La Conférence nationale souveraine « était ressentie par la population zaïroise comme un moment privilégié et déterminant de son histoire passée et future. Un moment, une occasion unique de sortir de la dictature pour embrasser la démocratie, et pour sceller la réconciliation nationale. [51]»

D'emblée, l'ordonnance par laquelle était convoquée la CNS marquait une première grande concession politique faite par le Maréchal Mobutu. Après moult pressions, il accepta de transformer sa « Conférence constitutionnelle » en une Conférence

[49] Tshitshi Ndouba, K. (2019), *le néo-constitutionnalisme africain. Tendances et trajectoires*, Paris : L'Harmattan.

[50] Cf. Acte constitutif n° 91-097 du 11 avril 1991 portant création et composition de la Conférence nationale.
https://mjp.univ-perp.fr/constit/cd1991.htm#1
En plus de l'Ordonnance n° 91-097 instituant la Conférence nationale, il convient de rappeler que la polarisation de la vie politique et la mobilisation citoyenne activée par une opposition bien présente dans les rues de grandes villes avaient obligé Mobutu de signer, à la fin, l'Ordonnance n° 91-020, relative à l'immunité des délégués à la Conférence nationale et l'Ordonnance n° 91-021 reconnaissant la souveraineté de la Conférence nationale.

[51] Bureau d'Études et de Recherches Consulting international — BERCI — (2001). *Les leçons à tirer de la conférence nationale souveraine et ses implications pour le dialogue intercongolais*, Kinshasa : BERCI, p. 23
https://www.ndi.org/sites/default/files/1296_cd_natconf2001_0.pdf

nationale. Cependant, les divergences de vues persistaient quant à la nature et aux objectifs de ces assises malgré cette grande concession. Pour le Maréchal Mobutu, il n'était pas question que cette Assemblée soit souveraine, car la constitution de la Deuxième République - amendée par la loi du 5 juillet 1990- restait en vigueur. C'est d'ailleurs pour cette raison qu'il entendait limiter le rôle de la CNS à l'élaboration d'un projet de constitution ainsi qu'à l'organisation (rapide) d'un référendum constitutionnel et des élections aux différents niveaux. Le libellé de l'article 2 de l'ordonnance susmentionnée étant très clair à ce sujet, le président Mobutu assignait trois fonctions principales à cette nouvelle institution :

- Discuter de toutes les questions d'intérêt national en vue de la démocratisation et des options fondamentales de la troisième République ;
- Élaborer un projet de constitution à soumettre au référendum populaire ;
- Déterminer le contenu de la loi électorale et élaborer un calendrier électoral.

Cependant, une fois mise en orbite, la CNS s'était autoproclamée « souveraine » par des allures révolutionnaires[52], outrepassant les finalités initialement prescrites par cette ordonnance de convocation. Ainsi trois orientations avaient guidé les travaux de la CNS. D'abord, la lecture de toute l'histoire nationale, ensuite, le diagnostic de la nature et des causes profondes de la crise multiforme et enfin, baliser le futur avec la mise en place des fondamentaux d'un État de droit, démocratique et pluraliste.

Les différentes résolutions de la Conférence nationale souveraine avaient permis non seulement la rédaction du Projet de la Constitution de la troisième République, mais également la suppression du MPR, parti État ainsi que la proclamation de l'indépendance de la magistrature de manière à permettre au

---

[52] Cf. Acte fondamental proclamant la souveraineté de la Conférence nationale (5 mai 1992).
https://mjp.univ-perp.fr/constit/cd1991.htm#2
Voir à ce sujet Gbanda Za mboko Atumba, H. (1993) : *La problématique de la souveraineté des conférences nationales souveraines d'Afrique* », Kinshasa.

pouvoir judiciaire de jouer correctement son rôle de troisième pouvoir. Les résolutions avaient également porté sur la dynamisation et la réorganisation de l'armée.

III. Polarisation des assises et divergences des approches des acteurs mobilisés

Le contexte politique dans lequel s'inscrivait la CNS fut prédominé par le principe du « partage équitable et équilibré » du pouvoir entre deux principales forces politiques qui s'alignaient sur la scène politique : d'une part le cartel « l'Union sacrée de l'opposition et alliés » (USORAL), créé en juillet 1991, dont le *Lider Maximo* était sans nul doute M. Etienne Tshisekedi ; et d'autre part, le cartel des partis de la « Mouvance présidentielle » constitué par les Forces démocratiques unies (FDU) qui se mueront plus tard en Force Politiques du Conclave (FPC), avec à sa tête le président Mobutu. Ce sociogramme des acteurs de la CNS serait incomplet si l'on n'ajoutait pas L'Église Catholique et la hiérarchie ecclésiastique que Mgr Monsengwo, archevêque de Kisangani représentait, car elle joua un rôle majeur dans la conduite et l'orientation de l'agenda de la CNS. En effet, en tant qu'actrice de la scène politique, la hiérarchie catholique avait une approche tout à fait différente de celle de deux acteurs politiques précités. Elle assignait aux assises de la CNS le *deal* d'une grande « palabre africaine ». Pour l'Église catholique, la principale mission de la CNS était celle

> *« de résorber et de surmonter les conflits au sein de la société en pratiquant une catharsis collective, en faisant tous ensemble un retour sur l'histoire du pays à travers un examen de conscience à l'échelle de la Nation, de chacune des composantes, de chaque individu. Et il s'agit de parvenir, par consensus, à la "conversion" à de nouvelles valeurs, et à l'élaboration d'un projet de société »*[53].

Pour cette raison, la hiérarchie des princes de l'Église catholique fustigeait que :

> *« La CNS n'est une arène de propagande électorale ni de conquête du pouvoir. C'est plutôt le lieu d'où doivent être sélectionnées les*

[53] Déclaration de la Conférence épiscopale du 27 janvier 1992.

meilleures pierres de fondation de la nouvelle société zaïroise ainsi que les nouveaux critères de jugement et de comportement[54] *»*.

Cette approche des prélats catholiques était au fait un rappel à l'ordre en rapport avec les ambiguïtés « voulues » quant à la nature des assises de la CNS. En effet, pour certains délégués, tirant les conséquences de la déclaration de sa souveraineté, la CNS était avant toute chose, une assemblée constituante qui n'était susceptible d'aucun encadrement juridique autre que celle émanant d'elle (Approche de supraconstitutionnalité de la CNS). Sous cet angle, la CNS déclenchait la révolution contre l'ordre mobutiste. Cette approche révolutionnaire élevait l'institution de la CNS en une instance inquisitoire populaire et par ricochet, de propagande électorale. Pour d'autres qui adoptaient une approche modérée, la CNS devrait limiter ses débats et délibérations aux aspects essentiellement inhérents aux bases des réformes démocratiques pacifiques et à l'ordre électoral conduisant à la IIIe République.

La divergence aigüe entre ces deux approches conduisit inévitablement à l'échec des assises de la CNS. En effet, le « moment politique » de la CNS s'est estompé pour déboucher aux règlements de compte personnel, aux luttes de positionnement et aux stratégies de récupération tantôt par le blocage, l'intimidation et la corruption de la part du pouvoir, tantôt par le jeu des majorités arithmétiques automatiques sur des questions déterminantes et l'exploitation politicienne par l'opposition des commissions dites « sensibles » dont celle des biens mal acquis et des assassinats politiques[55] .»

Par ailleurs, au passif des assises de la CNS, il faut aussi ajouter l'élargissement excessif du champ du débat politique. Ce manque de méthode explique aussi l'extension temporelle démesurée des assises, car le débat politique, régi sous les principes de « consensus » et de « l'unanimisme », oscillait entre deux extrêmes : d'une part, la relecture de l'histoire nationale et d'autre part, l'élaboration d'un projet de société multisectoriel. Entre les deux extrêmes, une fixation obsessionnelle des débats

---

[54] Déclaration de la Conférence épiscopale du 21 juin 1991.

[55] Bureau d'Études et de Recherches Consulting international — BERCI — (2001). *Op. cit.* p. 60.

sur la personne du maréchal Mobutu était de mise tout en désorientant l'agenda de la CNS vers des questions purement personnelles. Autre aspect pouvant constituer une pesanteur majeure ayant joué négativement sur les résultats de la CNS était sans nul doute, l'absence de garantie de bonne fin, qui se traduisait par l'hostilité manifeste du pouvoir mobutien et le manque de soutien de la hiérarchie militaire demeuré fidèle au Maréchal Mobutu.

IV. Le bilan de la Conférence nationale souveraine

Au-delà de ces déficits qui ont marqué négativement les « *outputs* » de la CNS, surtout le manque de compromis quant à la mise en œuvre de ses résolutions, il convient de noter que l'avènement des assises de la CNS avait bénéficié, sans ambiguïtés, d'un soutien populaire assez remarquable sur fond d'une délégitimation généralisée des institutions et des dirigeants de la IIe République, incapables de répondre à la demande sociale des populations de plus en plus paupérisées. Sans nul doute, la CNS s'était imposée comme un espace d'expression des libertés et de l'échange politique institutionnalisé. C'est cet atout qui a d'ailleurs permis à l'opposition de disposer d'un pouvoir de négociation réel et de s'exprimer sans avoir besoin de recourir aux armes, et par-dessus tout, la CNS permit la mise en quarantaine implacable du régime Mobutu, conspue par les partenaires extérieurs[56].

Les résolutions de la Conférence nationale souveraine ont donc opéré un choix politique clair en faveur de la démocratie pluraliste, le multipartisme, les élections régulières, libres et transparentes, l'exercice des droits syndicaux, le respect des droits de l'homme ou encore la garantie des libertés fondamentales, comme modèle d'organisation sociale et de gestion du pays. Les modes de dévolution et d'exercice du pouvoir politique par des méthodes anticonstitutionnelles ont été bannis. La CNS avait du moins la prétention d'obtenir un changement sociopolitique sans recours à la violence.

---

[56] Bureau d'Études et de Recherches Consulting international — BERCI — (2001). *Les leçons à tirer de la conférence nationale souveraine et ses implications pour le dialogue intercongolais*, op. cit., p.59

Le rapport d'étude intitulé « Les leçons à tirer de la conférence nationale souveraine et ses implications pour le dialogue intercongolais [57]», réalisé par le groupe BERCI constate qu'au-delà de ratés, de querelles politiciennes et des jugements de valeur à géométrie variable, la CNS a eu pour essentielle le mérite de :

- Condamner la prise et l'exercice du pouvoir par la force sous toutes ses formes (art 37 de l'Acte constitutionnel de la Transition), d'une part et d'ériger en nomes sacrées de la République, l'État de droit ainsi que le règlement des conflits politiques exclusivement par le dialogue et la non-violence, d'autre part ;
- Vider le sempiternel contentieux de la forme de l'État et du régime politique qui divise les Congolais depuis 1960. En effet, un consensus incontestable s'est dégagé sur l'autonomisation constitutionnelle des provinces inspiré par la constitution du 1er août 1964, dite de Luluabourg et l'instauration du régime parlementaire rationalisé ou "tropicalisé" empruntant à la France et, donc une certaine mesure, au Portugal,
- L'élection du chef de l'État au suffrage universel direct, son pouvoir d'arbitrage institutionnel ainsi que la règle de la collaboration en matière de politique extérieure et de défense nationale avec le gouvernement, responsable de la gestion du pays devant le Parlement ;
- Adopter le principe de redimensionner les entités administratives actuelles de la RDC par un nouveau découpage territorial en vue d'une gestion rationnelle de l'espace vital national, du rapprochement de l'État de citoyens et d'une meilleure démocratisation à la base (cf. les critères de ce

[57] Commissionné par le National Democratic Institute for International Affairs, en sigle NDI, à travers une subvention du programme CEPPS de l'USAID. Le but de cette étude consistait à soutenir les accords de Lusaka et le Dialogue intercongolais en permettant aux organisateurs et aux participants du Dialogue de mieux comprendre la Conférence nationale et la dynamique politique et sociale de République Démocratique du Congo. Cette compréhension de la Conférence nationale (CNS) devrait permettre de réconcilier le discours politique congolais à une pratique plus réaliste de la politique.

découpage dans le projet de constitution de la IIIe République/CNS) ;

- Dégager le consensus sur le système et l'organisation des élections dont la Commission nationale électorale, CNE, devait être la cheville ouvrière. Un projet de loi électorale était adopté par la CNS tandis que la CNE était déjà sur pied d'œuvre en 1996 ;
- Opter pour l'économie sociale du marché comme système économique de la RDC à la place du libéralisme bâtard du régime Mobutu ;
- Réunir, à travers les rapports de ses différentes commissions, les matériaux nécessaires à l'élaboration des projets de sociétés et des programmes gouvernementaux par les acteurs politiques. »

Le manque de compromis quant à la mise en œuvre des résolutions de la CNS signait le grand échec de la CNS et partant, la polarisation de l'espace politique. Ceci impliquait aussi, malheureusement, un chaos politique tous bords. Le microcosme politique congolais devenu nébuleux, le résultat le plus malheureux, celui qui a constitué la tache la plus noire dans l'histoire du pays, est donné par le triple doublement des textes constitutionnels, des institutions parlementaires et gouvernementales à partir de 1992.

CHAPITRE 3

La transition arrachée : la rupture avec le mobutisme (Acte portant dispositions constitutionnelles relatives à la période de transition du 4 août 1992)

INTRODUCTION

À l'issue de la Conférence nationale souveraine, un texte constitutionnel régissant la période de transition fut adopté. Il s'agit de l'Acte portant dispositions constitutionnelles relatives à la période de transition du 4 août 1992[58]. Le préambule de ce texte constitutionnel évoquait d'emblée le contexte sociopolitique chaotique qui justifiait la rupture totale avec la philosophie politique et les institutions de la IIe République. Il constatait d'abord « la crise profonde, multiforme et persistante à laquelle le pays est confronté depuis de nombreuses années » et ensuite, il étalait la litanie des « malheurs » des époques du président Mobutu :

> « *la paupérisation de la population, le ravalement et l'inversion des valeurs morales et spirituelles, la chute vertigineuse de la monnaie, le recul sans cesse croissant de la production nationale, le règne des maux tels que l'arbitraire, la corruption, le népotisme, le tribalisme, la dislocation de l'appareil sanitaire, l'effondrement du système éducatif, la confiscation des libertés individuelles et*

[58] Ce texte constitutionnel n'a jamais été promulgué par le Chef de l'État Mobutu.

collectives, le détournement systématique des biens publics et la spoliation des biens privés, l'incivisme et l'anarchie. »

Somme toute, la rupture avec la IIe république était plus que nécessaire par le constat objectif de l'incapacité totale des institutions en place d'apporter des solutions à cette situation tragique. Aux plus claires, il s'agissait d'une véritable crise du régime politique instauré par la constitution du 20 mai 1967. En plus d'opérer la rupture, l'objectif de ce texte constitutionnel consistait donc à « préparer dans la paix et la concorde, l'avènement d'une IIIe République réellement démocratique garantissant un développement intégral et harmonieux de la Nation ».

L'article 38 de l'Acte portant dispositions constitutionnelles relatives à la période de transition du 4 août 1992 établissait 4 institutions politiques pour cette période de transition :

- Le Président de la République
- Le Haut Conseil de la République
- Le Gouvernement
- Les Cours et Tribunaux.

I. Le Président de la République

Sous l'emprise de l'Acte portant dispositions constitutionnelles relatives à la période de transition du 4 août 1992, le statut constitutionnel du chef de l'État était considérablement réduit à sa plus simple expression. Tel un monarque dans les régimes parlementaires dualistes, il « régnait », mais ne gouvernait pas.

1. Les compétences propres

L'économie générale de l'ensemble des articles consacrés aux fonctions exercées par le Président de la République (Arts. 39-50) révèle que celui-ci a été dépouillé des compétences « propres » et discrétionnaires. Il exerçait des fonctions symboliques de représentation de la nation, sinon protocolaires. En plus, l'énoncé de ces compétences était souvent complété des incises circonstancielles en cas d'un non-exercice volontaire de cette fonction de la part du chef de l'État. Par exemple, il promulguait les lois votées par le Haut Conseil de la République dans les quinze jours qui suivent leur réception. Passé ce délai, les lois deviennent exécutoires. Il était le Chef suprême des Forces armées, et partant, il présidait le Conseil Supérieur de la Défense et conférait les grades dans les ordres nationaux et les décorations conformément à la loi. Dans le cadre de ses prérogatives, lui reconnut par l'« Acte », il statuait par voie d'ordonnance.

2. Les compétences « partagées »

L'exercice de toutes les autres compétences « partagées » était verrouillé par la formule « *sur proposition du Gouvernement après avis conforme du Haut Conseil de la République* ». Ces compétences partagées étaient les suivantes :

- Le Président de la République accrédite les ambassadeurs et les envoyés extraordinaires auprès des puissances étrangères et des organisations internationales (Art. 42).
- Le Président de la République a le droit de grâce. Il peut remettre, commuer ou réduire les peines (Art. 43)
- Le Président de la République nomme et révoque par ordonnance sur proposition du Gouvernement et après avis du Haut Conseil de la République :
  - les ambassadeurs et les envoyés extraordinaires ;
  - les officiers supérieurs et généraux des forces armées et des forces de l'ordre ;
  - le chef d'État-major général (ou le commandant en chef) ;
  - les chefs d'État-major et les commandants des grandes unités des forces armées ;
  - les hauts fonctionnaires, du directeur au secrétaire général de l'Administration publique ;
  - les mandataires publics dans les entreprises et les organismes publics et dans les sociétés d'économie mixte, excepté les commissaires aux comptes.
- Il nomme et révoque par ordonnance les magistrats du siège et du Parquet sur proposition du Conseil Supérieur de la Magistrature et après avis conforme du Haut Conseil de la République.

Dans tous les cas énumérés ci-dessus, les ordonnances sont contresignées par le ministre compétent, et si dans les sept jours de leur transmission, les projets d'ordonnance ne sont pas signés par le Président de la République, le Premier ministre entérine ces nominations et révocations par décret contresigné par le ministre compétent.

- Suivant la procédure de l'article 44, le Président de la République investit par ordonnance les Gouverneurs de provinces élus par les conseils provinciaux.

3. Les pouvoirs de crise

L'article 46 de l'Acte est l'unique disposition constitutionnelle qui régit les pouvoirs de crise du président de la République. Ce ne sont pas des pouvoirs propres (personnels), mais bien « partagés », contrairement à ceux reconnus au chef de l'État dans la théorie générale du droit constitutionnel. Celui-ci peut, à la demande du Gouvernement et après avis conforme du Haut Conseil de la République, déclarer la guerre. Il en informe la Nation par un message. Lorsque la guerre est déclarée, le Président de la République peut proclamer l'état de siège.

II. Le Haut Conseil de la République

Le Haut Conseil de la République, émanation de la Conférence nationale souveraine, était présidé par Monseigneur Laurent Mosengwo. Composé de 359 membres ayant le titre de « Conseiller de la République », avec statut et mandat assimilable au « député national », il lui était reconnu 6 missions principales :

- Suivre et contrôler l'exécution des actes de la Conférence nationale souveraine ;
- Élaborer les lois ;
- Contrôler le Gouvernement ;

- Émettre des avis aux articles 42[59], 44[60] et 46 dans le délai de 15 jours à compter de la date de réception des dossiers, passé ce délai, l'avis favorable est acquis d'office ;
- Interpréter les actes de la Conférence nationale souveraine autres que le présent Acte.

III. Le gouvernement

Un gouvernement dirigé par M. E. Tshisekedi était investi à la Conférence nationale souveraine. Conformément à l'Article 66 de l'Acte, le Gouvernement conduit la politique de la Nation telle que définie par Conférence nationale souveraine. Il exécute les actes de la Conférence nationale souveraine et les lois de la République.

Il dispose de l'Administration et de la force armée. Il est responsable devant le Haut Conseil de la République.

Il procède aux nominations des cadres de commandement autres que ceux visés à l'article 44 de l'Acte fondamental par décret du Premier ministre délibéré en Conseil des ministres et contresigné par le ministre compétent. Il en informe le Haut Conseil de la République (Art. 67).

Il peut proclamer l'état d'urgence, après concertation avec le Président de la République et après autorisation du Haut Conseil de la République, lorsque des circonstances graves menacent d'une manière immédiate l'indépendance ou l'intégrité de la

---

[59] **Article 42 :** Le Président de la République accrédite les ambassadeurs et les envoyés extraordinaires auprès des puissances étrangères et des organisations internationales sur proposition du Gouvernement après avis conforme du Haut Conseil de la République. Les ambassadeurs et les envoyés extraordinaires étrangers sont accrédités auprès de lui.

[60] **Article 44** : Le Président de la République nomme et révoque par ordonnance sur proposition du Gouvernement et après avis du Haut Conseil de la République :

Les ambassadeurs et les envoyés extraordinaires ; les officiers supérieurs et généraux des forces armées et des forces de l'ordre ; le chef d'État-major général (ou le commandant en chef) ;les chefs d'État-major et les commandants des grandes unités des forces armées ; les hauts fonctionnaires, du directeur au secrétaire général de l'Administration publique ; les mandataires publics dans les entreprises et les organismes publics et dans les sociétés d'économie mixte, excepté les commissaires aux comptes.

Nation ou qu'elles provoquent l'interruption du fonctionnement régulier des Institutions de l'État ou encore lorsqu'elles risquent de porter atteinte aux intérêts vitaux de la République. Dans cette circonstance, le Gouvernement informe la Nation par un message. Le Haut Conseil de la République détermine dans son autorisation la durée et l'étendue des pouvoirs exceptionnels reconnus au Gouvernement.

Le Premier ministre est le chef du Gouvernement. Il est élu par la Conférence nationale souveraine et investi par ordonnance du Président de la République dans les quarante-huit heures de son élection. Passé ce délai, le Premier ministre entre en fonction.

Le Premier ministre préside le Conseil des ministres. Toutefois, à l'initiative du Gouvernement ou à l'invitation du Président de la République, des réunions de concertation peuvent se tenir entre ce dernier et le Gouvernement. Les décisions qui en découlent engagent le Gouvernement.

Le Premier ministre exerce le pouvoir réglementaire par voie des décrets délibérés en Conseil des ministres. Les actes qu'il prend dans ce cadre sont contresignés, le cas échéant, par le ministre chargé de leur exécution.

Sur proposition du Premier ministre, le Président de la République nomme et décharge de leurs fonctions, les autres membres du Gouvernement. Dans ce cas les ordonnances du Président de la République sont contresignées par le Premier ministre. Si dans le délai prévu à l'article 71 du présent Acte fondamental, les projets d'ordonnances ne sont pas signés par le Président de la République, le Premier ministre y pourvoit par voie de décret.

Les ministres sont les chefs de leurs ministères, ils appliquent dans leurs ministères les programmes fixés et les décisions prises par le Gouvernement. Sans préjudice des dispositions de l'article 85 de l'Acte, les ministres répondent de leurs actes devant le Premier ministre.

IV. Des rapports entre le Haut Conseil de la République et le pouvoir exécutif

L'initiative des lois appartient concurremment à chacun des membres de Haut Conseil de la République et au Gouvernement. Les projets de loi adoptés par le Conseil des ministres sont déposés sur le Bureau du Haut Conseil de la République.

Les propositions de loi sont, avant délibération et vote, notifiées pour information au Gouvernement qui adresse ses observations éventuelles au Bureau du Haut Conseil de la République dans les dix jours de la notification.

Le Gouvernement peut, pour l'exécution de son programme d'action, demander au Haut Conseil de la République, l'autorisation de prendre par décret pendant un délai limité, des mesures qui sont normalement du domaine de la loi.

Les membres du Gouvernement ont le droit et, s'ils en sont requis, l'obligation d'assister aux séances du Haut Conseil de la République, d'y prendre la parole et donner aux Conseillers de la République les éclaircissements qu'ils jugent utiles. Ils ont le droit de proposer des amendements aux propositions de loi en discussion, mais ne participent pas au vote.

Les moyens d'information et de contrôle du Haut Conseil de la République sur le Gouvernement sont la question écrite, la question orale avec ou sans débat non suivie de vote, la commission d'enquête et l'interpellation

Le Haut Conseil de la République peut mettre en cause la responsabilité du Gouvernement ou d'un membre du Gouvernement par une motion de censure. Une telle motion n'est recevable que si elle est signée par le quart au moins des membres du Haut Conseil de la République. La motion de censure ne peut être adoptée qu'à la majorité des deux tiers des membres du Haut Conseil de la République. Si la motion de censure est rejetée, ses signataires ne peuvent en proposer une nouvelle au cours de la même session. L'adoption d'une motion de censure par le Haut Conseil de la République entraîne la démission du Gouvernement. Dans ce cas, le Haut Conseil de la République élit un nouveau Premier ministre.

Lorsque le Haut Conseil de la République émet un vote de défiance contre un membre du Gouvernement, ce dernier est tenu de remettre sa démission au Premier ministre qui pourvoit à son remplacement conformément à l'article 74 du présent Acte fondamental.

V. LES INSTITUTIONS PROVINCIALES ET LOCALES

Les institutions provinciales sont :

- Le Conseil provincial ;
- Le Collège exécutif provincial :
- Le Collège exécutif urbain ;
- Le Collège exécutif communal ou territorial ;
- Le Collège exécutif de collectivité.

Selon l'Article 98 : La loi sur la décentralisation détermine la composition, l'organisation et le fonctionnement des institutions provinciales et locales.

CHAPITRE 4

La transition contrôlée : la restauration mobutiste (Acte constitutionnel harmonisé relatif à la période de transition du 2 avril 1993)

INTRODUCTION

Les divergences d'opinion et d'autres contradictions d'intérêt qui ont surgi à propos de la mise en place des institutions prévues dans l'Acte portant dispositions constitutionnelles relatives à la période de transition du 4 août 1992 avaient conduit la classe politique à rechercher d'autres ententes dont le Président Mobutu et Mgr Monsengwo furent de grands artisans. Ces ententes devaient être négociées et conclues au Conclave politique de Kinshasa qui n'avait pu réunir malheureusement qu'une partie seulement de la classe politique : principalement celle évoluant dans l'orbite de la mouvance présidentielle.

À l'issue des travaux de ce Conclave, convoqué, ouvert et clôturé par le Président Mobutu, une nouvelle Constitution a été adoptée par l'Assemblée nationale, réveillée pour la circonstance et promulguée par le Président de la République[61]. Après cette même nouvelle Constitution, l'Assemblée nationale s'est recréée et un gouvernement dirigé par Faustin Birindwa mis sur pied.

[61] L'Acte constitutionnel harmonisé relatif à la période de transition. Loi numéro 93-001 du 2 avril 1993. Journal officiel de la République du Zaïre. 34e année. Numéro spécial. Avril 1993.

Sur le plan politique, l'entrée en vigueur et la mise en place des institutions politiques issues de l'Acte constitutionnel harmonisé relatif à la période de transition marquaient le chaos total et imbroglio tous azimuts : deux textes constitutionnels, deux Assemblées législatives, deux gouvernements et un seul Président de la République. Tel était le bilan de l'immaturité de la classe politique. Cette classe n'avait pu faire tout cela qu'en se réclamant du peuple, alors qu'une consultation préalable n'a été organisée en direction de celui-ci.

De l'intérieur des querelles et de guerres de légalité et de légitimité qui se sont merveilleusement organisées, mal soutenues par une presse irresponsable se sont transportées à l'extérieur avec toutes les conséquences que cela comporte. L'OUA, l'ONU, l'Union européenne, les États-Unis, etc.en furent des témoins privilégiés. Les médiateurs de tous genres et de toutes nationalités se sont mêlés de cette affaire sans y trouver des solutions durables. La crise était totale. Tous les principaux secteurs de la vie nationale se sont trouvés concernés pendant que le peuple, véritable calembour de l'histoire, ne savait plus où mettre la tête. À travers le monde, le Zaïre devenait un objet de moquerie et toutes coopérations avec le monde extérieur finirent par cesser, la crise devenait multiforme et meurtrière.

L'Acte constitutionnel harmonisé relatif à la période de transition peut être considéré comme un réflexe de survie politique du président Mobutu. En effet, on se souviendra que l'Acte portant dispositions constitutionnelles relatives à la période de transition du 4 août 1992 adopté par la CNS réduisait le statut politique du Président Mobutu à un rôle purement protocolaire et symbolique du Chef de l'État, comparable à un monarque qui « règne », mais ne « gouverne » pas dans les régimes parlementaires dualistes. Cependant, comme toutes les résolutions de la Conférence nationale souveraine, l'Acte constitutionnel n'avait jamais été promulgué par le Chef de l'Etat Mobutu ni publié au Journal officiel. On peut donc dire, que cette Constitution qui jouissait pourtant d'une légitimité politique incontestable, était dépouillée de toute force légale. Juridiquement il n'est jamais entré en vigueur et partant, les institutions politiques issues de la CNS n'avaient qu'une existence symbolique et partant, ineffectifs.

Face aux invectives de la CNS contre la personne et la famille politique de M. Mobutu, les rédacteurs de l'Acte constitutionnel harmonisé relatif à la période de transition soutenaient l'idée selon laquelle la transition devait être conduite dans la « neutralité » et gérée dans un esprit de collaboration entre toutes les institutions sans exclusive ni militantisme partisan. Ils proclamaient la nécessité d'organiser une transition « non conflictuelle » pour en faire une période de rassemblement de toutes les filles et tous les fils du pays.[62]

C'est dans ce sens que l'exposé des motifs de ce document constitutionnel informe que l'objet cet Acte consiste à clarifier la base juridique du fonctionnement des institutions pendant cette transition, puisqu'il était nécessaire d'une part, de « trouver une solution à la situation confuse née notamment de l'existence concomitante dans notre pays, au lendemain de la clôture de la Conférence nationale souveraine, de trois textes dont l'harmonisation s'est avérée opportune[63] et d'autre part, il était impérieux de consolider un ordre institutionnel démocratique ; de restaurer le respect et le prestige des institutions de la République.

Pour l'essentiel, l'Acte constitutionnel harmonisé relatif à la période de transition établit 5 institutions de la République :

- Le Président de la République ;
- L'Assemblée nationale ;
- Le Haut Conseil de la République ;
- Le Gouvernement ;
- Les cours et tribunaux.

En plus de proclamer le principe d'assomption de la responsabilité et la plénitude des attributions constitutionnelles dans un esprit d'étroite collaboration entre toutes les institutions de la

---

[62] Voir le préambule de l'Acte constitutionnel harmonisé relatif à la période de transition.

[63] Il s'agit de :
- La Constitution du 24 juin 1967, telle que révisée à ce jour ;
- Acte portant dispositions constitutionnelles relatives à la période de la transition élaborée par la Conférence nationale et non promulgué par le Président de la République ;
- Le compromis politique global du 31 juillet 1992.

République, dans l'organisation et l'exercice du pouvoir politique, l'Acte accorde à M. Mobutu des prérogatives essentielles, comme la nomination du Premier ministre, et confirme le régime parlementaire, mais au profit de l'Assemblée nationale qui est rétablie dans sa fonction législative et reçoit le pouvoir de censurer le Gouvernement, tandis que le Haut Conseil de la République ne joue plus qu'un rôle secondaire[64]. Les cours et tribunaux demeurent indépendants afin d'assurer le respect des libertés essentielles.

I. Le Président de la République

Le statut du Président de la République était fixé à l'article 35. Il est le Chef de l'État et représente la Nation. Il veille au fonctionnement régulier des pouvoirs publics ainsi qu'à la continuité de l'État. Il est le garant de l'indépendance, de l'unité nationale, de l'intégrité du territoire. Le Président de la République est le Chef suprême des Forces armées. Il préside le Conseil Supérieur de la Défense. Il statue par voie d'ordonnance. En vertu de l'Article 50, la personne du Président de la République est inviolable. Les fonctions de Président de la République sont incompatibles avec l'exercice de tout mandat ou fonction publique ou d'une activité privée à caractère lucratif (Article 53).

La question de la durée des fonctions du président de la République n'a pas été réglée de manière expresse dans l'Acte constitutionnel harmonisé relatif à la période de transition. Cependant, on peut déduire par principe qu'elle correspond à celle de la période de transition, car par pure logique et l'esprit général des institutions de transition politique induit que celles-ci fonctionnent jusqu'à l'installation effective des institutions correspondantes de la troisième République. Ceci se déduit aussi clairement selon les prescrits de l'Article 49 qui stipule les causes de cessation des fonctions du président de la République :

> « *Les fonctions du Président de la République prennent fin par démission, décès, empêchement définitif, déchéance prononcée par la*

---

[64] https://mjp.univ-perp.fr/constit/cd1993.htm

Cour Suprême de Justice dans les conditions déterminées par la présenta loi, ou à l'investiture du président élu à la prochaine échéance électorale présidentielle ».

La vacance et l'intérim dans l'exercice des fonctions présidentielles étaient réglés à l'article 52. En effet, en cas de vacance à la fonction du Président de la République pour quelque cause que ce soit, l'Assemblée nationale statuant à la majorité absolue de ses membres devait saisir la Cour Suprême de Justice. Et, lorsque la vacance est constatée par la Cour Suprême de Justice, les fonctions de Président de la République sont provisoirement exercées par le Président de l'Assemblée nationale ou en cas d'empêchement de ce dernier, par le Premier Vice-président de l'Assemblée nationale, et ce, jusqu'à l'investiture du Président de la République élu à la prochaine élection présidentielle.

1. Les pouvoirs du Président de la République

Les pouvoirs du Président de la République étaient fixés aux articles 35 jusqu'à l'article 56 de la Section I du titre III de l'Acte constitutionnel harmonisé relatif à la période de transition. Ces pouvoirs réfèrent, au sens juridique du terme, aux décisions et actes que la Constitution autorise à prendre. La théorie générale du droit constitutionnel catégorise, à cet effet, 2 types des pouvoirs : les pouvoirs propres (personnels) et les pouvoirs partagés.

1.1. Les pouvoirs propres

Il s'agit des pouvoirs qu'il exerce personnellement de façon autonome. Les actes juridiques pris sous ces prérogatives n'ont pas besoin d'un quelconque contreseing émanant des autres autorités de l'État pour déployer toute leur validité et leur efficacité. D'emblée, il faut aussi préciser que pour l'essentiel, les pouvoirs propres du Président de la République sont en lien avec les compétences du Chef de l'État et se rattachent aux missions assignées par l'article 56 de l'Acte. Ces pouvoirs se rapportent aussi à la mission d'arbitrage assignée au président de la République. Ils sont mis en œuvre, sur le plan politique, lors des moments essentiels à la vie de la Nation.

En plus des pouvoirs de garantie (Il veille au respect de la Constitution), le Président de la République exerce des prérogatives suivantes :

- Il confère les grades dans les ordres nationaux et les décorations conformément à la loi.
- Il a le droit de battre monnaie et d'émettre du papier monnaie en exécution de la loi.
- Il accrédite les ambassadeurs et les envoyés extraordinaires auprès des puissances étrangères et des organisations internationales.
- Les ambassadeurs et les envoyés extraordinaires étrangers sont accrédités auprès de lui.
- Il a le droit de grâce. Il peut remettre, commuer ou réduire les peines, le Conseil Supérieur de la Magistrature entendu.
- Il nomme, relève et, le cas échéant, révoque les agents de commandement de l'administration publique.
- Il nomme, relève et, le cas échéant, révoque les Officiers des Forces armées, le Conseil Supérieur de la Défense entendu.

1.2. Les pouvoirs partagés avec les autres pouvoirs d'État

En rapport avec la formation du Gouvernement, le président de la République nomme, sur proposition du Premier ministre, les autres membres du Gouvernement et met fin à leurs fonctions. Dans ce cas, les ordonnances du Président de la République sont contresignées par le Premier ministre.

En rapport avec l'exercice du pouvoir règlementaire, le Président de la République assure l'exécution des lois et fait les règlements de police et d'administration publique. Il exerce ce pouvoir par voie d'ordonnance délibérée en Conseil des ministres. (Art. 56).

1.3. Les pouvoirs de crise du Président de la République

- Le Président de la République déclare la guerre après consultation officielle de l'Assemblée nationale, du Haut

Conseil de la République et du Gouvernement. Il en informe la Nation par un message. Lorsque la guerre est déclarée, le Président de la République peut proclamer l'état de siège. Il prend les mesures exigées par ces circonstances. (Art. 47)

- Lorsque les institutions de la République, l'indépendance ou les intérêts supérieurs de la Nation, l'intégrité de son territoire ou l'exécution de ses engagements internationaux sont menacés d'une manière grave et immédiate et que le fonctionnement régulier des pouvoirs publics constitutionnels est interrompu, le Président de la République proclame par ordonnance l'état d'urgence, après consultation de l'Assemblée nationale, du Haut Conseil de la République et du Gouvernement. Il en informe la Nation par un message. Il prend les mesures exigées par les circonstances, celles-ci doivent être inspirées par la volonté d'assurer aux pouvoirs publics constitutionnels, dans les moindres délais, les moyens d'accomplir leur mission (Art. 48).
- Lorsque l'état de siège ou d'urgence a été proclamé, le Président de la République peut porter des restrictions à l'exercice des libertés individuelles dans les conditions déterminées par les lois. Il peut même suspendre sur tout ou partie du territoire national et pour la durée et les infractions qu'il détermine, l'action répressive des juridictions ordinaires et y substituer celle des juridictions militaires. Toutefois, il ne peut porter atteinte aux droits de la défense et de recours en appel. (Art. 49)

1.4. Les pouvoirs en relation avec les autres institutions de l'État

En outre, le Président de la République exerce aussi d'autres prérogatives liées aux relations avec d'autres institutions.

Avec le gouvernement, il exerce les prérogatives suivantes :

- Le Président de la République nomme le Premier ministre après concertation entre les forces politiques de la Nation. Il met fin à ses fonctions notamment en cas de vote de défiance par l'Assemblée nationale. Sur proposition du

Premier ministre, il nomme les autres membres du Gouvernement et met fin à leurs fonctions. Dans ce cas, les ordonnances du Président de la République sont contresignées par le Premier ministre. (Art. 39)

- À l'invitation du Premier ministre ou à sa propre initiative, le Président de la République peut présider le Conseil des ministres. Les décisions qui en découlent engagent le Gouvernement. (Art.40)
- Le Président de la République nomme, relève et, le cas échéant, révoque sur proposition du Gouvernement délibérée en Conseil des ministres et après avis de l'Assemblée nationale :
  - Les ambassadeurs et les envoyés extraordinaires ;
  - Les gouverneurs et vice-gouverneurs de régions ;
  - Les mandataires publics dans les entreprises et les organismes publics et dans les sociétés d'économie mixte, excepté les commissaires aux comptes.

Avec le Parlement, il exerce les prérogatives suivantes :

- Le pouvoir de promulgation des lois. Il promulgue les lois dans les quinze jours de leur transmission par le Président de l'Assemblée nationale. Il peut, avant l'expiration de ce délai, demander à l'Assemblée nationale, une nouvelle délibération de la loi ou de ses articles. Le texte ainsi soumis à une seconde délibération doit être adopté à la majorité des deux tiers des membres de l'Assemblée nationale, soit sous sa forme initiale soit après modification. (Art. 36)
- Le Président de la République a l'initiative des lois. Il peut lorsque l'Assemblée nationale n'est pas en session et en cas d'urgence, prendre par ordonnance-loi, délibérée en conseil des ministres, des dispositions qui sont normalement du domaine de la loi. Il soumet à la prochaine session de l'Assemblée nationale les projets de loi de ratification de ces ordonnances-lois. (Art. 37).
- Le Président de la République déclare la clôture des sessions ordinaires sur proposition du bureau de l'Assemblée

nationale et celle des sessions extraordinaires dès que l'Assemblée nationale a épuisé son ordre du jour (Art. 67).

- Le recours au référendum : après avis de l'Assemblée nationale ou du Haut Conseil de la République, le Président de la République soumet au référendum le projet de constitution de la Troisième République préparé par la Commission constitutionnelle. Lorsque le référendum a conclu à l'adoption du projet, le Président de la République le promulgue dans le délai de quinze jours. (Art. 54)
- Le Président de la République communique avec le Peuple, l'Assemblée nationale ou le Haut Conseil de la République soit directement soit par des messages qu'il fait lire et qui ne donnent lieu à aucun débat. (Art. 55).

Avec le pouvoir judiciaire, le président nomme, relève et, le cas échéant, révoque les magistrats du siège et du parquet sur proposition du Conseil Supérieur de la Magistrature.

2. La responsabilité pénale du Président de la République

Conformément à l'Article 51, le Président de la République n'est pénalement responsable des actes accomplis dans l'exercice de ses fonctions qu'en cas de haute trahison. Il y a haute trahison lorsque le Président de la République porte atteinte à l'indépendance nationale, à l'intégrité du territoire national ou lorsqu'il viole intentionnellement l'Acte constitutionnel harmonisé relatif à la période de transition.

Dans ce cas, le Président de la République ne peut être poursuivi que lorsqu'il est mis en accusation devant la Cour Suprême de Justice par l'Assemblée nationale qui se prononce à la majorité des deux tiers de ses membres et au scrutin public.

II. L'Assemblée nationale.

Conformément à l'article 57 de l'Acte constitutionnel harmonisé relatif à la période de transition, l'Assemblée nationale est l'institution chargée d'exercer le pouvoir législatif et le contrôle politique du pouvoir exécutif. Elle est l'émanation du peuple, puisqu'elle est composée exclusivement des représentants du peuple. Les membres de l'Assemblée nationale portent le titre de « Député ». Le mandat de Député est national.

L'instance dirigeante de l'Assemblée nationale est le Bureau de l'Assemblée nationale. Celui-ci est chargé de diriger l'activité parlementaire ainsi que tous les services mis à la disposition de l'Assemblée. Il est composé d'un Président, de deux vice-présidents et de deux secrétaires. L'élection du Bureau par la propre Assemblée est une importante manifestation de son indépendance et de son autonomie.

Sous la coupe de l'Acte constitutionnel harmonisé relatif à la période de transition, l'initiative des lois appartient concurremment au Président de la République, à chacun des membres de l'Assemblée nationale et au Gouvernement. Les projets de loi émanant du Président de la République ou du Gouvernement sont déposés au bureau de l'Assemblée nationale. Si un projet de loi est déclaré urgent par le Président de la République ou par le Gouvernement, il est examiné par priorité à l'Assemblée nationale.

1. Les domaines de la Loi

Dans les différents domaines législatifs, la loi pouvait évacuer deux modalités de techniques législatives : d'une part elle fixait les règles de droit qui pouvaient faire l'objet d'une certaine codification, d'autre part elle pouvait fixer les principes fondamentaux et les principales modalités opérationnelles de certaines matières qui se seraient complétés par des règlements d'exécution.

L'article 58 de l'Acte énumérait les domaines de la loi

- Le catalogue des droits civiques : les garanties accordées aux citoyens pour l'exercice des libertés publiques.
- Les impôts, c'est-à- dire, les sujétions imposées aux citoyens en leur personne pour la défense nationale et le développement.
- Le droit civil et le code de la nationalité : l'état et la capacité des personnes, les régimes matrimoniaux, les successions et les libéralités.

- Le droit pénal : la détermination des infractions ainsi que les peines qui leur sont applicables.
- L'amnistie
- Le statut des magistrats et le régime juridique du Conseil supérieur de la magistrature.
- L'organisation, la procédure et la compétence judiciaire.
- Le droit fiscal : l'assiette, le taux et les modalités de recouvrement des impôts ; les emprunts et les engagements financiers de l'État et des régions, le régime d'émission de la monnaie ;
- Le droit administratif : la création des établissements publics et le statut de la fonction publique,
- Le droit du travail et de la sécurité sociale
- L'autonomie de la gestion administrative et financière de l'Assemblée nationale
- Le plan de développement économique et social
- Le droit civil des obligations civiles et le droit commercial
- Le régime des élections.
- Les lois de finances (déterminent les ressources et les charges de l'État) et la loi budgétaire

En vertu de l'alinéa 2 de l'article 58, la loi fixait les principes fondamentaux relatifs aux matières suivantes :

- Défense nationale : organisation de la défense nationale, du mode de recrutement, de l'avancement, des droits et des obligations des membres des forces de l'ordre.
- Décentralisation et autonomie régionale
- Nationalisation et de la privatisation d'entreprises
- Régime foncier et minier
- Mutualité et de l'épargne
- Enseignement et santé
- Régime pénitentiaire
- Pluralisme politique et syndical
- Droit de grève.

En vertu de l'article 61 de l'Acte, les matières autres que celles qui sont du domaine de la loi ont un caractère réglementaire.

2. Les sessions de l'Assemblée nationale

Le travail parlementaire est organisé en périodes au cours de l'année durant lesquelles les Chambres se réunissent valablement pour délibérer en séance plénière. Ces périodes sont appelées sessions parlementaires. Elles peuvent être, selon le cas, ordinaires ou extraordinaires. Ainsi, le travail parlementaire est, pour des raisons historiques, discontinu, de telle sorte qu'il se réalise durant des périodes déterminées et interrompues entre elles par d'autres périodes appelées « vacances ».

Aux termes de l'Art. 64 de l'Acte sous examen, « l'Assemblée nationale se réunit de plein droit en session ordinaire deux fois par an. La première session s'ouvre le premier lundi d'avril ; la deuxième, le premier lundi d'octobre. Les sessions prennent fin respectivement le premier lundi de juillet et le premier lundi de janvier, si l'ordre du jour n'a pu être épuisé plus tôt ». Comme on peut l'observer, la caractéristique la plus importante de la session ordinaire consiste en sa convocation automatique, car elle s'ouvre à la date préfixée, sans autre convocation que celle du temps, à la différence de la session extraordinaire.

Cependant, l'Assemblée nationale pouvait être convoquée en session extraordinaire, c'est-à-dire en dehors des périodes de l'année réservée aux sessions ordinaires. L'article 65 habilitait au Président de la République à convoquer l'Assemblée nationale. Dans ce cas, l'acte de convocation fixe l'ordre du jour.

3. Les séances, débats et votes

Pour les séances de l'Assemblée nationale, la moitié de ses membres constitue le quorum. Toutefois, l'Assemblée nationale ne prend ses décisions qu'à la majorité absolue des suffrages et pour autant que deux tiers de ses membres se trouvent réunis. Les séances de l'Assemblée nationale sont publiques, sauf si le huis clos est prononcé.

L'organisation et le fonctionnement de l'Assemblée nationale sont fixés par son règlement intérieur.

4. La protection du mandat parlementaire

Le système de protection de l'institution parlementaire contre les interférences et les immixtions d'autres pouvoirs d'État dans la sphère des compétences constitutionnelles réservées au Parlement couvre non seulement le Parlement en tant qu'institution, mais aussi les parlementaires en tant que dépositaires individuels de la souveraineté populaire qu'incarne le Parlement. De ce fait, il ne s'agit pas d'un système de privilèges personnels justifiant une certaine inégalité entre les citoyens, mais bien de prérogatives uniquement conçues pour protéger le mandat parlementaire. Il s'agit donc d'un type de garantie fonctionnelle de l'institution parlementaire, car le bien juridique protégé est la fonction parlementaire, et non la personne du parlementaire en tant que citoyen. Cette protection vise uniquement à garantir la liberté dans le processus de formation de la volonté des Chambres.

Quant à la nature juridique de ces prérogatives fonctionnelles, la doctrine s'accorde presque unanimement à souligner 3 caractères principaux :

- Elles ne constituent pas un droit subjectif, mais un ensemble de règles de droit positif qui confèrent au parlementaire une situation d'intérêt légitime, le parlementaire étant le destinataire physique de ces normes de droit.
- Ces règles s'appliquent d'office même si le titulaire ne les sollicite pas.
- Elles sont irrévocables de la part du Parlementaire. Toute révocation n'est de nul effet.

4.1. Le régime de l'irresponsabilité du député

Le régime de l'irresponsabilité parlementaire était réglé par l'alinéa 1 de l'article 74 qui stipulait que : « Les membres de l'Assemblée nationale ne peuvent être poursuivis, arrêtés, ni traduits en justice en raison des opinions ou votes émis dans l'exercice de leurs fonctions ».

L'énoncé de cet article étaye clairement que l'irresponsabilité couvre le député à raison des actes accomplis dans le cadre du mandat. Son objectif consiste à le protéger contre toute possible incursion légale (pénale, civile ou disciplinaire) comme conséquence de sa contribution au travail parlementaire. Il s'agit donc d'une protection juridique qui empêche l'activation processuelle basée sur les opinions et manifestations réalisées dans l'exercice de la fonction.

Cette protection du Parlementaire couvre seulement les actes directement rattachables à l'exercice du mandat. Ainsi elle s'étend aux propos et votes en séances, en commission, au sein des groupes, aux rapports et propositions, aux activités parlementaires et aux missions. Le régime de l'irresponsabilité, en plus des autres caractères généraux communs aux prérogatives fonctionnelles, présente la particularité d'être une garantie absolue, car sa portée s'entend contre toute sorte de procédures. Elle est aussi perpétuelle, car ses effets persistent même après le mandat parlementaire.

4.2. Le régime de l'inviolabilité du député

L'inviolabilité parlementaire est une immunité de procédure. Il s'agit d'une protection pénale ayant pour objet de garantir le député pris en qualité d'individu contre les poursuites pénales abusives ou vexatoires intentées contre lui à raison de faits étrangers à l'exercice du mandat[65]. Il faut souligner que cette prérogative n'opère pas en cas de flagrant délit. La levée de celle-ci est de la compétence de la Chambre concernée qui doit apprécier si les poursuites n'ont pas pour objet de soustraire intentionnellement et abusivement le Parlementaire à l'exercice de son mandat.

L'alinéa 2 de l'article 74 organise les contours du régime de l'inviolabilité du député. Celui-ci ne peut être poursuivi, arrêté ni traduit en justice « pendant la durée d'une session en matière pénale, qu'avec l'autorisation de l'Assemblée nationale, sauf en cas de flagrant délit ».

Cependant, l'article 75 organise ce régime selon que la détention ou les poursuites se réalisent durant la session « en cours » et en dehors des sessions

En période de session, les poursuites et les prises de corps (arrestations) ne peuvent être réalisées que dans deux cas spécifiques :

---

[65] Avril P. et Gicquel J. (2014). *Droit Parlementaire*, 5e es, Paris : Domat, p. 50.

- L'autorisation préalable de la Chambre concernée
- Le cas *in fraganti* : Il s'agit de l'arrestation du Parlementaire seulement au moment où l'infraction est commise. Ni avant ni après. Cette circonstance permet d'éviter l'évasion du coupable de délit ou l'occultation des preuves. Cependant, même pris *in fraganti,* les autorités policières nécessitent une autorisation de la Chambre concernée pour continuer les poursuites. Il existe donc logiquement une obligation d'informer les chambres de la détention réalisée et de solliciter l'autorisation des poursuites.

De plus, cette disposition constitutionnelle habilite l'Assemblée concernée à requérir et obtenir la suspension de l'action publique déjà engagée, car l'alinéa 1 de l'Article 75 stipule que « la détention ou les poursuites contre un membre de l'Assemblée nationale sont suspendues si l'Assemblée nationale le requiert. Cette suspension ne peut dépasser la durée de la session en cours ».

En vertu de l'alinéa 2 de l'article 75, en dehors des sessions la prise de corps est conditionnée par les circonstances ci-après :

- L'autorisation du bureau
- Le cas de flagrant délit.

4.3. L'indemnité parlementaire

L'indemnité est destinée à assurer l'honorabilité du Parlementaire, en le mettant à l'abri du besoin, et donc des tentations, et à favoriser l'accession au mandat de toutes les catégories sociales. L'indemnité parlementaire ne peut être considérée comme une garantie fonctionnelle *stricto sensu* sinon qu'elle est basée sur la conception selon laquelle le mandat parlementaire est une fonction publique d'intérêt général qui exige un dévouement entier et par conséquent doit être accompagnée d'une rémunération suffisante.

Le principe de l'indemnité parlementaire et des autres avantages est régi par l'article 77 de l'Acte sous examen. Il est prévu que « les membres de l'Assemblée nationale ont droit à une indemnité équitable qui assure leur indépendance et leur sortie honorable. Cette indemnité est fixée par une commission paritaire composée des membres l'Assemblée nationale et du Gouvernement. »

5. La fin du mandat de député

Le mandat de député prend fin par décès, démission, incapacité permanente, absence injustifiée à plus d'un quart des séances d'une session ou lorsque le député tombe dans l'un des cas d'exclusion prévus par la loi électorale. (Article 78)

6. Les incompatibilités

Le mandat de député était incompatible avec la qualité de membre du Haut Conseil de la République.

III. Les rapports entre l'Assemblée nationale et le Gouvernement

En vertu de l'article 69 de l'Acte sous examen, les membres du Gouvernement ont le droit et, s'ils en sont requis, l'obligation d'assister aux séances de l'Assemblée nationale, d'y prendre la parole et de donner aux Députés tous les éclaircissements qu'ils jugent utiles. Ils ont le droit de proposer des amendements aux propositions de loi en discussion, mais ils ne participent pas au vote.

L'Assemblée nationale dispose du pouvoir de contrôle sur le gouvernement et les services publics de l'État. Il convient de souligner que le contrôle parlementaire a essentiellement trois objectifs : vérifier l'accomplissement de la Constitution et des lois de la République, vérifier leur ajustement au programme de la majorité parlementaire, amener le Gouvernement à rectifier ses orientations si on constate une certaine déviation. Cependant, il faut souligner que la fonction de contrôle ne se limite pas seulement à ces trois aspects. Elle implique à tous égards une perspective d'influence sur l'activité gouvernementale, car il ne s'agit pas d'une simple activité de vérification, mais de critique passible des sanctions politiques.

De plus, il faut établir une distinction entre la requête d'information et la fonction de contrôle. En effet, l'activité de contrôle requiert d'être en possession de l'information nécessaire sur les aspects et le développement de l'activité gouvernementale. Ces informations permettent d'évaluer la justesse des agissements des membres de l'équipe gouvernementale par rapport aux alternatives en présence. Le Parlement dispose de ses propres structures, chargées de fournir l'information requise, mais l'initiative de l'information peut provenir du Gouvernement lui-même. Il est à noter que l'article 71 de l'Acte enjoint au Premier ministre et aux membres du Gouvernement de fournir à l'Assemblée nationale toutes les explications qui leur sont demandées sur leurs activités.

En vertu 70 de l'Acte constitutionnel harmonisé relatif à la période de transition, les moyens d'information et de contrôle de l'Assemblée nationale sont :

1. Les questions aux membres du Gouvernement

Elles consistent en une pétition d'information au Gouvernement sur un fait, sur un point concret de l'activité gouvernementale. Cependant, la finalité réelle des questions n'est pas en rapport avec l'obtention d'information sur un fait ou des données inconnues par le député qui la formule. La question, telle qu'elle se développe dans la pratique constitutionnelle comparée, possède une claire intentionnalité politique. Elle a pour but de signaler une certaine déficience dans l'activité gouvernementale ou de l'administration.

L'article susmentionné stipule trois catégories de questions : la question d'actualité, les questions orales et écrites. Mais la question doit être écrite et présentée préalablement pour permettre la préparation de la réponse. La réponse peut être orale ou écrite selon le désir du député qui l'a formulée.

- **La question** écrite, posée à un ministre ou au Premier ministre : Elle porte sur la politique générale du Gouvernement et doit être sommairement rédigée et se limiter aux éléments strictement indispensables à sa compréhension.

- **La question orale** peut revêtir deux formes différentes : les questions orales sans débat et les questions orales avec débats. La question d'actualité a été conçue pour donner un regain d'intérêt aux questions orales.

2. L'interpellation

Elle consiste à ouvrir un débat parlementaire sur un aspect important de la politique du Gouvernement. Ce débat a pour objet de ramener le Gouvernement à préciser clairement son approche sur le thème objet du débat, ce qui peut amener les Assemblées à émettre un jugement valorisant au travers d'un vote sur la position du Gouvernement. Le professeur Jorge de Esteban considère que l'interpellation est un instrument parlementaire spécifiquement conçu pour assurer un contrôle politique sur le Gouvernement, car elle permet aux Assemblées de former un jugement politique sur un aspect global de la politique du Gouvernement, lequel jugement peut se matérialiser dans une motion à la fin des débats[66]. Contrairement aux questions qui ont un caractère précis, l'interpellation a un caractère général et permet de cerner l'orientation de la politique gouvernementale sur une matière donnée comme la défense, la politique extérieure ou la politique intérieure.

3. Les commissions d'enquête

Elles sont un instrument classique de contrôle parlementaire. Elles sont constituées par le Parlement pour réaliser une enquête sur n'importe quel fait d'intérêt public. Les commissions d'enquête sont formées pour recueillir des éléments d'information sur des faits déterminés, soit sur la gestion des services publics ou des entreprises. La proposition de résolution doit déterminer avec précision les faits qui donnent lieu à l'enquête, soit les services publics ou les entreprises nationales dont la commission doit examiner la gestion.

---

[66] Esteban J. et al (1982). *El regimen constitucional español*, tomo 2, Barcelona : Labor, p.200

L'article 70 n'a pas retenu les motions comme techniques de contrôle : il s'agit d'une proposition de résolution de caractère non législatif soumis à la considération et au vote de l'Assemblée. Elles permettent aux Chambres et aux groupes parlementaires d'adopter un jugement de valeur sur la politique gouvernementale.

Les conditions d'organisation et du déroulement du contrôle de l'Assemblée nationale sont déterminés par la loi et le règlement intérieur de l'Assemblée nationale.

4. La mise en cause de la responsabilité politique du Gouvernement

L'exigence de la responsabilité politique du Gouvernement est le moyen le plus puissant dont disposent les Assemblées pour obliger le Gouvernement à démissionner parce qu'il a perdu sa confiance. La responsabilité politique n'est pas équivalente aux procédures de contrôle, bien que les liens qui les unissent soient très étroits. Pour qu'il existe responsabilité, il faut préalablement un contrôle. La responsabilité politique n'est pas de ce fait une procédure de contrôle, mais plutôt une matérialisation des conséquences du contrôle politique exercée par les Assemblées sur le Gouvernement. En dernière instance, si à travers les procédures de contrôle, le Gouvernement n'arrive pas à rectifier, l'Assemblée se voit obligée de rompre le pacte politique de confiance initié lors de l'investiture de l'exécutif.

Cependant, il faut reconnaître que le terme de responsabilité qui désigne la relation de solidarité réciproque entre le Gouvernement et la majorité parlementaire est impropre. Emprunté au droit civil, il évoque l'idée de faute et de sanction, comme l'observait René Capitant, alors qu'il s'agit d'un accord politique que sanctionne la démission du cabinet lorsqu'il vient de perdre la confiance de l'Assemblée[67].

L'exigence de la responsabilité politique du Gouvernement peut revêtir deux modalités : l'une positive et l'autre négative :

---

[67] Capitant R. *Régimes Parlementaires*, dans les mélanges R. Carré de Malberg, Sirey, 1933, cité par Avril, P. et Gicquel, J. *Droit Parlementaire*, 3e éd, Paris : Domat, p. 253

la question de confiance et la motion de défiance (ou motion de censure).

L'Acte constitutionnel harmonisé relatif à la période de transition n'avait retenu en son article 72 que la modalité négative d'une motion de censure ou de défiance.

Sur le plan formel, la motion de censure ou de défiance n'était recevable que si elle était signée par le quart au moins des membres de l'Assemblée nationale. Elle est notifiée au Premier ministre dans les huit jours francs après son dépôt, le Président de la République en est informé. La motion de censure ou de défiance ne peut être adoptée qu'à la majorité des deux tiers des membres de l'Assemblée nationale. Si la motion est rejetée, ses signataires ne peuvent en proposer une nouvelle au cours de la même session.

En vertu de l'article 73 de l'Acte sous examen, l'adoption d'une motion de censure par l'Assemblée nationale entraîne d'office la démission du Gouvernement. Le Premier ministre doit remettre immédiatement au Président de la République la démission du Gouvernement. L'Assemblée nationale saisit le Président de la République dans les quarante-huit heures afin que ce dernier commence la procédure de désignation du formateur du Gouvernement.

Lorsque l'Assemblée nationale émet un vote de défiance contre un membre du Gouvernement, ce dernier est tenu de remettre sa démission au Premier ministre qui propose un remplaçant au Président de la République.

IV. Le Haut Conseil de la République

1. La position institutionnelle du Haut Conseil de la République

Sous la coupe de l'Acte constitutionnel harmonisé relatif à la période de transition, le Haut Conseil de la République continue à être admis comme l'émanation de la Conférence nationale souveraine, cependant il a été dépouillé de l'essentiel de ces prérogatives constitutionnelles reconnues dans l'Acte constitutionnel issu de la Conférence nationale souveraine. Sa position institutionnelle ayant été considérablement réduite, il ne pouvait jouer qu'un rôle politique marginal et donc de figurant. Il a perdu le statut « parlementaire », car 3 de ses 6 missions reconnues par la Conférence nationale Souveraine ont été requalifiées au profit de l'Assemblée nationale souveraine. Il s'agit des missions suivantes :

- Élaborer les lois
- Contrôler le Gouvernement
- Émettre des avis conformes en rapport avec l'accréditation des ambassadeurs et les envoyés extraordinaires auprès des puissances étrangères et des organisations internationales sur proposition du Gouvernement et aussi concernant la nomination des officiers supérieurs et généraux des forces armées et des forces de l'ordre, les hauts fonctionnaires, du directeur au secrétaire général de l'Administration publique ; les mandataires publics dans les entreprises et les organismes publics et dans les sociétés d'économie mixte, excepté les commissaires aux comptes

En vertu de l'Article 80 de l'Acte sous examen, trois missions marginales sont ainsi reconnues au Haut Conseil de la République :

- Veiller à l'évolution du processus de démocratisation. À ce sujet, l'Acte enjoint au Premier ministre et aux membres du Gouvernement de fournir au Haut Conseil de la République toutes les explications qui leur sont demandées sur leurs activités directement liées au processus de démocratisation (Article 88).
- Suivre l'exécution des actes de la Conférence nationale souveraine
- Interpréter les actes de la Conférence nationale souveraine

2. Bureau et composition du Haut Conseil de la République

De même que sous l'emprise de l'Acte constitutionnel issu de la Conférence nationale souveraine, les membres du Haut Conseil de la République portent le titre de « Conseiller de la République ». Le mandat de conseiller de la République prend fin par décès, démission, incapacité permanente ou absence injustifiée à plus d'un quart des séances d'une session et à la proclamation des résultats des prochaines élections législatives. Les Conseillers de la République ont droit à une indemnité équitable qui assure leur indépendance et leur sortie honorable. Cette indemnité est fixée par une Commission paritaire composée des membres du Haut Conseil de la République et du Gouvernement.

2.1. Le bureau du Haut Conseil de la République

Le bureau du Haut Conseil de la République suit la même structure de composition et d'organisation que celle de l'Assemblée nationale. Il est composé d'un président, de deux vice-présidents et de deux secrétaires rapporteurs.

2.2. Composition du Haut Conseil de la République

Suivant les prescrits de l'Article 81 de l'Acte sous examen, le nombre exact des membres composant le Haut Conseil de la République n'a pas été fixé. Il cependant composé de 6 catégories des délégués provenant respectivement :

- Des zones administratives de la République ;
- De la société civile ;
- Des partis politiques ;
- Des institutions publiques ;
- Des invités ;
- Des anciens membres du bureau de la Conférence nationale souveraine.

3. Les incompatibilités

Les incompatibilités liées au mandat de Conseiller de la République étaient régies par l'article 84 de l'Acte sous examen. Ainsi, sont incompatibles avec le mandat de conseiller de la République, les fonctions ou mandats de :

- Membre de l'Assemblée nationale ;
- Membre des organes délibérants ;
- Membre du Gouvernement ;

- Membre des Forces armées et des Forces de l'ordre ;
- Magistrat ;
- Agent de carrière des services publics de l'État ;
- Cadre politico-administratif de la territoriale ;
- Mandataire public et agent des sociétés paraétatiques.

4. Régime des sessions et des séances

Le régime des sessions et des séances du Haut Conseil de la République s'inscrit dans la tradition du parlementarisme classique. Il se réunit en sessions ordinaires et extraordinaires. Il se réunit de plein droit en session ordinaire deux fois par an. La première session s'ouvre le premier lundi d'avril, la deuxième le premier lundi d'octobre. Les sessions prennent fin respectivement le premier lundi de juillet et le premier lundi de janvier, si l'ordre du jour n'a pu être épuisé plus tôt. Le Haut Conseil de la République se réunit en session extraordinaire sur convocation du Président de la République. Dans ce cas, l'acte de convocation fixe l'ordre du jour.

Concernant la validité des séances du Haut Conseil de la République, le quorum est constitué à la moitié de ses membres. Toutefois, il ne prend valablement ses décisions qu'à la majorité absolue des suffrages et pour autant que les deux tiers de ses membres se trouvent réunis. Les séances du Haut Conseil de la République sont publiques sauf si le huis clos est prononcé.

5. Les immunités des Conseillers de la République

Les Conseillers de la République jouissent des immunités reconnues traditionnellement aux membres des assemblées parlementaires. Pour la protection de leur mandat, l'Acte sous examen reconnaît aux Conseillers d'une part l'immunité d'inviolabilité, car « les membres du Haut Conseil de la République ne peuvent être poursuivis, arrêtés ni traduits en justice en raison des opinions ou votes émis dans l'exercice de leurs fonctions » et d'autre part, l'immunité d'irresponsabilité pénale, car ils ne peuvent être poursuivis, arrêtés ni traduits en justice, pendant la durée d'une session en matière pénale, qu'avec l'autorisation du Haut Conseil de la République, sauf en cas de flagrant délit[68]. Nonobstant, en vertu de l'Article 90 de l'Acte, les conditions de détention ou de poursuite d'un membre du Haut Conseil de la République diffèrent selon qu'il s'agit des périodes de session en « cours » ou en dehors des périodes de session. Suivant ce schéma, en période de session, « la détention ou les poursuites contre un membre du Haut Conseil de la République sont suspendues si le Haut Conseil de la République le requiert. Cette suspension ne peut dépasser la durée de la session en cours ». Par contre, en dehors des sessions, la détention et les poursuites sont interdites. Elles sont conditionnées par l'obtention de l'autorisation du bureau du Haut Conseil de la République. Une seule exception est admise : le cas de flagrant délit.

V. Le gouvernement

Par gouvernement, on entend l'autorité politique qui dirige un État. Elle est chargée du contrôle et de l'administration de ses institutions telles qu'elles sont établies dans la Constitution. Habituellement, lorsque nous parlons du gouvernement, nous faisons référence à l'ensemble des personnes dotées de postes publics. Le pouvoir de l'État leur est délégué, avec l'engagement d'en faire bon usage. Dans de nombreux cas, lorsque nous parlons de gouvernement, nous faisons référence au pouvoir exécutif : les chefs de gouvernement (Premiers ministres), les vice-Premiers ministres, ministres et vice-ministres.

Comme attribution classique du gouvernement, il détermine et conduit la politique de la Nation. L'article 91 de l'Acte constitutionnel harmonisé relatif à la période de transition précise que cette tâche est réalisée « en concertation préalable et en accord avec le Président de la République ». La responsabilité du gouvernement est duelle, car il répond de ses actes devant le Président de la République et l'Assemblée nationale.

---

[68] Article 89 de l'Acte.

1. Le Premier ministre

Le Premier ministre est le Chef du Gouvernement. Il préside le Conseil des ministres. Il statue par voie de décret et ses actes sont contresignés par le ministre chargé de leur exécution. Il peut déléguer certains de ses pouvoirs aux ministres. Il tient le Président de la République régulièrement informé de l'activité gouvernementale. Il transmet au Président de la République un rapport bimensuel concernant les activités de chaque ministère.

Les fonctions de Premier ministre prennent fin par démission, décès, empêchement définitif, vote de défiance par l'Assemblée nationale, révocation ou à l'expiration de la Transition. Les membres du Gouvernement sont réputés démissionnaires chaque fois que les fonctions de Premier ministre prennent fin.

2. Les ministres

Les ministres sont les chefs de leurs ministères. Ils appliquent le programme fixé et les décisions prises par le Gouvernement.

Les fonctions de membres du Gouvernement sont incompatibles avec celles de membres de l'Assemblée nationale, du Haut Conseil de la République et de tout emploi public ou privé rémunéré.

3. La responsabilité personnelle des membres du gouvernement

Les membres du Gouvernement sont politiquement solidaires. Ils sont pénalement responsables des infractions commises dans l'exercice de leurs fonctions. Ils engagent leur responsabilité personnelle dans 4 cas notamment : haute trahison, détournement, concussion ou corruption. Il y a haute trahison notamment lorsque le Premier ministre ou tout autre membre du Gouvernement porte atteinte à l'indépendance nationale ou à l'intégrité du territoire national. Le Premier ministre ou les autres membres du Gouvernement ne peuvent être poursuivis que lorsqu'ils sont mis en accusation devant la Cour Suprême de Justice par l'Assemblée nationale s'étant prononcée à la majorité des deux tiers de ses membres.

CHAPITRE 5

Vers un mode de transition par pacte: le Protocole d'accord du Palais du Peuple

INTRODUCTION

La transition pactée est un mode de transition qui mène généralement à la consolidation de la démocratie. Elle implique l'existence préalable d'un accord implicite ou explicite entre les tenants du pouvoir et de l'opposition ayant pour objet de définir ou de redéfinir les règles d'exercice du pouvoir politique en vue de préserver leurs intérêts respectifs[69]. La stabilité et la survie des institutions démocratiques établies sont assurées par les garanties mutuelles entre les différents acteurs politiques (pouvoir-opposition).

Le mode de transition par pacte est ainsi qualifié de conservateur puisqu'elle implique une certaine continuité avec les tenants de l'ancien régime autoritaire qui, au lieu d'être écarté totalement, participent au processus de changement aux côtés des nouvelles élites. En s'appuyant sur cet argument, Mamoudou Gazibo est d'avis qu'en raison des caractéristiques des transitions à partir d'un régime néopatrimonial (personnalisation du pouvoir, jeu à somme nulle entre *insiders* et *outsiders*, transitions par le bas), le mode de transition par pacte est rare en Afrique. Si l'on adopte une vision large du pacte, un pays comme le Bénin pourrait à la limite en relever en raison des garanties offertes à

[69] O'Donnell G. et Schmitter, PC (1986) *Transitions from Authoritarian Rule : Tentative Conclusions about Uncertain Democracies*, op. cit.

l'ancien régime Kérékou, comme l'amnistie personnelle qui lui a été accordée. Mais dans une perspective plus restreinte, le pacte ne s'applique vraiment qu'à deux pays : l'Afrique du Sud et la Namibie.[70] » À ce sujet, Karl et Schmitter apportent trois caractéristiques qui décrivent le processus de transition par pacte : d'abord, elle constitue un processus inclusif puisqu'elle implique l'ensemble des acteurs significatifs. Ensuite, elle a pour résultat la protection des intérêts vitaux des élites du pouvoir autoritaire précédent et enfin, elle porte essentiellement sur la redéfinition des règles du jeu.

Dans le contexte de la transition à la démocratie en RDC (Zaïre), on peut considérer qu'entre 1994 et le 17 mai 1997, date de la chute de Mobutu et la prise du pouvoir par M. Laurent — Désiré Kabila, cette période de transition a été pactée et donc, consensuel, car l'organisation et l'exercice du pouvoir politique ont été définis à partir des options fondamentales arrêtées dans **le Protocole d'accord du palais du Peuple** signé par la classe politique zaïroise. L'argument majeur qui articule les formulations de ce protocole est qu'aux yeux des acteurs politiques, personne n'ayant gagné les élections, l'exercice du pouvoir devait non seulement impliquer toutes les tendances politiques, mais aussi se faire de manière équitable et équilibrée. L'autre argument, complémentaire au premier est que les institutions sont appelées à fonctionner désormais sur la base de la stricte neutralité en vue de garantir, cela va de soi, la non-conflictualité dans l'exercice du pouvoir. L'ensemble de ces principes constituent une nouveauté en Droit constitutionnel général et en Droit comparé dans ce sens qu'ils contredisent l'idée même de la démocratie en ce qu'elle postule une décision majoritaire dans la conduite des de l'État.

[70] Gazibo, M. (2010). *Introduction à la politique africaine.* Op. cit.

I. Les négociations politiques pour une transition consensuelle : des concertations du Palais du Peuple au protocole d'Accord

Le résultat le plus malheureux, celui qui a constitué la tache la plus noire dans l'histoire du pays est donné par le triple doublement des textes constitutionnels, des institutions parlementaires et gouvernementales à partir de 1992. En effet, à l'issue de la Conférence nationale souveraine (C.N.S.) un gouvernement dirigé par Etienne Tshisekedi et un Haut Conseil de la République (HCR) dirigé par Mgr Laurent Monsengwo ont pu être constitués. Les divergences d'opinion et d'autres contradictions d'intérêt qui ont surgi après cette mise en place ont conduit la classe politique à rechercher d'autres ententes dont le Président Mobutu et Mgr Monsengwo furent de grands artisans.

Ces ententes devaient être négociées et conclues au Conclave politique de Kinshasa qui n'avait pu réunir malheureusement qu'une partie seulement de la classe politique : principalement celle évoluant dans l'orbite de la mouvance présidentielle.

C'est dans cette conjoncture aussi difficile que pénible que d'autres efforts vont être tentés en vue de trouver des solutions plus ou moins acceptables pour l'ensemble de la classe politique avec la participation de tout le monde. Quelques idées-forces gouvernent ces nouveaux contacts : la fin de la crise marquée par le dédoublement institutionnel, la non-exclusion et le consensus fondé sur un vrai dialogue national et patriotique. D'où l'idée des concertations politiques du Palais du peuple.

1. Les concertations pour un ordre nouveau et consensuel : l'unicité des institutions de la transition politique

Avant les concertations proprement dites du Palais du Peuple, il y a lieu de signaler, le rôle joué par les Sages de deux camps à l'hôtel Intercontinental en vue de parvenir à l'unicité des Institutions. Grâce à cette impulsion ainsi qu'à l'espoir qu'elle a suscité dans le peuple, des hommes politiques de deux tendances (USOR et ALLIES et FPC) ont pu organiser des préconcertations entre eux en vue de baliser la voie qui devait conduire à la paix, à la concorde nationale, à l'unicité des institutions ainsi qu'à la meilleure et consensuelle organisation constitutionnelle de la période de transition.

Encouragé par les résultats de ces préconcertations, le Président Mobutu, Mgr. Monsengwo et l'ensemble de la communauté internationale représentée à cet effet par Monsieur Lakhadar Brahimi, représentant du Secrétaire général des Nations-Unies, la classe politique dans son ensemble accepta d'ouvrir des concertations du palais du Peuple où les deux familles politiques se mirent d'accord sur la manière à organiser constitutionnellement la transition.

Les concertations furent ouvertes par Mgr. Monsengwo en présence de Monsieur Brahimi dans la salle des Conférences internationales du Palais du peuple. L'objet de ces concertations est clairement précisé dans le préambule du rapport final adopté par les familles politiques.

Deux jours après la clôture des préconcertations politiques, la classe politique zaïroise s'est réunie dans le cadre des concertations politiques, du 10 septembre au 10 octobre 1993, au Palais du peuple, zone de Lingwala, ville Kinshasa en vue d'examiner :

a) La problématique du texte constitutionnel de la Transition ;
b) Les garanties du respect des résultats des concertations ;
c) La neutralité des institutions et des services publics de l'État, ainsi que la non-conflictualité de la Transition ;
d) L'organisation effective des échéances référendaires et électorales ;
e) La problématique de la responsabilité face à la misère de la population, à la criminalité et à l'insécurité généralisées ;
f) Le programme économique et social pour la Transition ;
g) Les modalités pratiques d'exécution fidèle des accords.

Dans son discours d'ouverture, concernant principalement la problématique de l'ordre institutionnel de la Transition, Mgr. Monsengwo précisa sa pensée en considérant qu'il était question de concilier les exigences du partage équitable et équilibré du pouvoir avec les notions :

a) De l'irresponsabilité politique du Chef de l'état inhérent à l'inviolabilité de sa personne ;
b) De la pleine responsabilité du Gouvernement — et non du seul Premier ministre — dans la gestion des affaires de l'État ;
c) Du respect des procédures relatives aux nominations et révocations de hauts cadres civils et militaires du pays ;
d) De la composition de la Territoriale, de la Magistrature, des Forces armées et de la Diplomatie ;
e) De la collaboration harmonieuse entre le Gouvernement et le chef de l'État dans le domaine des relations extérieures et de celui de la défense ;
f) Du respect intégral des droits de l'homme et du citoyen[71].

2. Mécanismes et structures du nouvel ordre transitionnel

Pour Mgr. Monsengwo, la meilleure application des textes constitutionnels passe nécessairement par la mise en place des mécanismes et structures capables de garantir le fonctionnement harmonieux des institutions de la Transition, assurant la neutralité stricte de l'Administration et particulièrement la Territoriale, garantissant le traitement équitable des citoyens par les services publics, notamment dans l'administration de la justice et l'accès aux médias officiels, rendant effectif l'apolitisme au sein des forces de sécurité, renforçant leur caractère national et améliorant la qualité ainsi que la discipline de ce corps.

S'agissant des institutions proprement dites, Monseigneur Monsengwo, fit à ce sujet deux importantes recommandations à savoir : étudier des mesures impersonnelles capables de favoriser et de garantir l'harmonie dans le fonctionnement des institutions de la transition de sorte que les animateurs politiques s'y conforment et deuxièmement veiller à inclure, parmi ces mesures, un certain nombre d'exigences que doivent remplir les institutions pour préserver leur caractère effectivement national, notamment en s'assurant, toutes choses étant égales par ailleurs

[71] Cf. *Rapport final des Concertations du Palais du Peuple*, p. 4. (Inedit)

d'une représentation équilibrée de différentes composantes du pays.

L'étude de la problématique du texte constitutionnel de la Transition a été confiée à la Commission n°1 conjointement présidée par M. Gérard Kamanda wa Kamanda et Maître Yoko Yakembe. Cette Commission connut un débat long et fort aminé à cause de la divergence des points de vue exprimés et défendus par les délégations en présence.

Deux thèses diamétralement opposées furent défendues dans des discussions au sein de cette Commission. Pour la délégation de l'USOR et ALLIES, la question du texte constitutionnel de la transition était un faux problème. Sept arguments furent présentés à l'appui de cette thèse :

- C'est à la demande et à l'initiative du Président de la République que le Compromis politique global a été négocié et conclu le 31 juillet 1992[72] par les Délégués du Président de la République, des plateformes politiques et des composantes de la Conférence nationale souveraine ;
- Ce compromis a posé des principes concernant l'organisation et l'exercice du pouvoir pendant la période de la transition, les modalités de collaboration et de concertation des différentes institutions de la transition ;
- Ces principes ont été traduits dans l'Acte portant dispositions constitutionnelles relatives à la période de transition qui a aussi mis fin à la constitution qui régissait jusque-là le pays ;
- Le Chef de l'État et sa famille politique ont trouvé à retirer à ce texte, et leur contestation, les a amenés à la tenue du Conclave politique de Kinshasa dont on a dit qu'il n'avait pour objet de remettre en cause l'œuvre de la CNS considérée et acceptée par tous comme étant une œuvre nationale ;
- L'œuvre de la CNS est une œuvre nationale et nul n'a le droit de la renier lors même qu'elle serait perfectible ;
- L'Acte portant dispositions constitutionnelles relatives à la période de transition est une œuvre humaine perfectible.

[72] Acte constitutif du compromis politique global de la transition (30 juillet 1992). https://mjp.univ-perp.fr/constit/cd1991.htm#3

C'est d'ailleurs pour cela qu'il a prévu des procédures pour sa révision. Nul n'a donc le droit de l'amender unilatéralement ;

- Cet Acte constitutionnel de la CNS a été adopté à l'unanimité après les déclarations de politique générale.

Telle fut la position de l'USOR et ALLIES.

Par contre, pour la Délégation des FPC, les arguments suivants ont été présentés pour réfuter ceux de l'Opposition. Le travail du Conclave politique national du mois de mars 1993 qui conduit à l'élaboration de l'Acte constitutionnel harmonisé et promulgué par le Chef de l'État en date du 2 avril 1993 avait corrigé les lacunes de l'Acte portant dispositions constitutionnelles relatives à la période de transition qui n'a jamais été promulgué par le Chef de l'État[73].

L'Acte harmonisé dont il est question ici a opéré l'harmonisation des trois textes fondamentaux à savoir la constitution de 1967 révisée, le Compromis politique global et l'Acte constitutionnel de la CNS.

L'autre argument de taille présenté et défendu par la Délégation des FPC est que ledit Acte harmonisé a donné effectivement naissance à des institutions qui fonctionnent sur toute l'étendue du territoire national. Mais les FPC reconnaissaient tout de même que malgré ces différents efforts, la volonté maintes fois exprimée par la classe politique de parvenir à une gestion concertée de l'État pendant la période exceptionnelle de transition n'est pas suffisamment traduite dans la réalité.

La reconnaissance de cette réalité conduisit les FPC à émettre deux propositions à l'intention de l'USOR et alliées.

Premièrement, il importait pour la classe politique du Zaïre de rechercher des voies et moyens de sortir le pays de l'impasse actuelle et deuxièmement, il fallait que pour cela, la même classe politique arrive à conclure un nouveau compromis politique qui permettrait l'adoption d'un texte constitutionnel unique. C'est ce

[73] Le professeur Ngoy-Ndouba, coauteur à titre posthume de cet ouvrage avait participé à ces concertations en tant que membre des Forces politiques du Conclave (FPC).

point de vue qui triompha dans les négociations et concertations du Palais du peuple.

Au sein de la première commission des concertations du Palais du peuple chargée de l'étude de la problématique du texte constitutionnel pour la période de transition et après débat sur les argumentations des uns et des autres, il apparut clairement que les problèmes concrets à résoudre s'articulaient essentiellement autour des questions telles que le symbole et l'emblème du pays, la nomenclature des institutions, la répartition des prérogatives entre les institutions de la République.

S'agissant de la nomenclature des institutions pendant la période de transition, la commission se mit d'accord sur la liste suivant : le Président de la République, le Parlement de la Transition de type monocaméral, le Gouvernement, les cours et tribunaux.

Pour ce qui est de la répartition des prérogatives entre les différentes institutions de la transition, les débats ont tourné essentiellement autour des délais butoirs imposés aux nominations et révocations des cadres civils et militaires, des avis conformes, de la double responsabilité du gouvernement devant le Parlement et le Président de la République. La Commission proposa des solutions suivantes auxquelles nous consacrerons quelques réflexions ultérieurement :

- Concernant les délais butoirs, un accord fut dégagé recommandant leur suppression. Il fut prévu à la place de ces délais butoirs, des mécanismes de concertation permanente et de collaboration ainsi que la matière de promulgation des lois tout en laissant au Président de la République la responsabilité de solliciter une seconde lecture au Parlement de la Transition ;
- Au sujet du principe des avis conformes exigés dans le processus de prise des décisions, il fut convenu que cette compétence soit dévolue au parlement de transition ;
- À son tour, le problème touchant la double responsabilité du Gouvernement à la fois devant le Président de la République et le Parlement, trouva sa solution dans la formulation suivante acceptée par les deux délégations « les deux délégations conviennent que le gouvernement est pleinement responsable de l'action de l'État dont il répond

devant le seul Parlement de transition… » cette responsabilité n'exige pas la collaboration et la concertation entre les différentes institutions de la Transition pour la bonne marche de l'État. [74]

Comme on peut le constater, la Commission n°1 des concertations politiques du palais du peuple a eu comme souci majeur, eu égard à ce qui se passait avant, de renforcer les mécanismes de concertation et de collaboration entre toutes les institutions de la transition pour mieux permettre leur fonctionnement harmonieux, efficace et non conflictuel. Tel est *grosso modo* l'esprit qui va être consacré dans les Protocoles d'accord ainsi que dans l'Acte constitutionnel de la transition.

II. Le protocole d'accord final des concertations

1. L'esprit des institutions et des services publics

Dans le texte introduit au rapport de la Commission n°1 des concertations du Palais du peuple, il y est mentionné entre autres que les préconcertations politiques ont mis en évidence les faits suivants :

- « La crise institutionnelle que traverse le pays depuis près de 3 ans a été confortée par les divergences de vues de la classe politique au sujet du texte constitutionnel ;
- La multiplication des textes constitutionnels ayant vocation de régir la période de Transition a occasionné le dédoublement des institutions publiques qui rend le pays ingouvernable en provoquant le blocage du fonctionnement de l'État, avec les conséquences que cette situation comporte, eu égard aux aspirations légitimes de notre peuple au mieux-être social et au progrès économique ».

Le rapport ajoute :

« Il découle de ce constat que la suppression du dédoublement institutionnel passe par celle de la dualité des textes constitutionnels de la Transition. Les observations qui précèdent soulignent à la fois

[74] *Rapport final*, p. 7 bis (inédit)

l'importance et la délicatesse de la mission confiée à la Commission n°1, car le conflit autour du texte constitutionnel de la période de transition, outre qu'il traduit les divergences d'approches politiques, face au présent et à l'avenir est au cœur de la crise politique et institutionnelle de notre pays ».

Cette crise de conscience unanimement partagée a conduit la Commission n 3 qui a eu pour tâche d'examiner le point III des concertations relatif à la neutralité des institutions et des services publics de l'État ainsi que la non-conflictualité de la Transition. En clair, la tâche de cette Commission consistait à déterminer, pour chaque institution ou service public « les mesures propres à assurer sa neutralité ainsi que celles requises pour garantir la non-conflictualité entre les institutions, et entre les forces politiques présentes dans la Nation ainsi que les forces sociales pendant la transition. Les recommandations suivantes furent émises par la Commission relative à la neutralité » (les problèmes posés par la recomposition du HCR, de la composition et de la participation de toutes les forces politiques et sociales en présence et de toutes les régions sans exclusive, etc.) et de la non-conflictualité ressortit des conditions suivantes :

- Les lois et textes réglementaires doivent être impersonnels ;
- Les textes légaux et réglementaires doivent être respectés par tous et appliqués sans parti pris, singulièrement les accords qui sortiront des présentes concertations politiques ;
- Les attributions dévolues aux institutions et services publics doivent être respectées par tous ;
- Les attributions du pouvoir, y compris la puissance publique, ne peuvent être détournées de leur mission originale pour servir des intérêts partisans ou faciliter l'ingérence d'une institution ou d'un service public dans le fonctionnement des autres ;
- La neutralité des institutions et services publics est une condition essentielle de la non-conflictualité ;
- L'intolérance et l'exclusion sont source de conflits, elles doivent donc être bannies ;

- Un code de bonne conduite doit être élaboré et appliqué, afin d'éviter, au niveau tant des acteurs politiques que des institutions, tout comportement ou attitude susceptible de générer des conflits.

2. Le contenu matériel des accords

Nous porterons notre regard sur les seuls points en rapport avec l'organisation et l'exercice du pouvoir pendant la période de transition.

- La nomenclature des institutions de la transition comprend : le Président de la République, le Haut Conseil de la République-Parlement de transition, le Gouvernement et les Cours et tribunaux.
- Concernant le Président de la République, il y a lieu de noter la suppression des délais butoirs en matière de nomination des hauts cadres civils et militaires en vertu du maintien du principe des concertations permanentes en cette matière et le maintien de ces mêmes délais en matière de promulgation des lois permettant ainsi au Président de solliciter une seconde lecture. L'on notera également l'expression de la nécessité du renforcement des mécanismes de concertation et de collaboration entre toutes les institutions de la transition pour permettre leur fonctionnement harmonieux, efficace et non conflictuel. À quoi s'est ajouté le principe de concertation permanente qui porte notamment sur les nominations aux hauts emplois civils et militaires ;
- Au sujet du HCR-PT, l'accord fut obtenu sur la nécessité de mettre fin au dédoublement de l'institution Parlement pendant la période de transition, la structure de ce parlement, l'appellation de ce parlement, sa composition qui doit être basée sur les principes de représentation équitable et équilibrée et de non-exclusion entre les forces politiques et sociales en veillant à ce que toutes les zones de la République soient représentées à partir des critères objectifs qui intègrent outre les Conseillers de la République de l'ancien HCR, les députés de l'ex-Assemblée

nationale ainsi que les concertations. Il fut également convenu le réaménagement ou la recomposition du Bureau du HCR qui comprend autant de membres FPC qu'il y a des membres de l'USOR et alliés à l'exception de son Président désigné par consensus.

- S'agissant du mode de décision au HCR-PT, il fut convenu que les décisions relatives aux questions d'importance nationale seront prises par consensus tout en précisant que pour les autres questions et au nom de la stabilité des institutions, le quorum de décisions, en cas de recours de vote, est en renforcé (par exemple 3/4 ou 4/5) ;
- Quant au Gouvernement de la transition, les participants se mirent d'accord sur le fait que ce gouvernement est pleinement responsable de la gestion des affaires de l'État, et en répond devant le HCR-PT et que le Premier ministre est le chef du Gouvernement.

Et enfin, les modalités pratiques d'exécution fidèle des accords furent établies de la manière ci-après :

- En ce qui concerne la problématique du texte constitutionnel de la transition, elle est de la compétence du HCR-PT ;
- Le texte adopté sous forme de loi sera soumis au Chef de l'État pour promulgation ;
- La désignation par les deux familles d'un groupe chargé de rédiger le projet du texte à transmettre au HCR-PT et promulgué le 9 avril 1994 par le Président de la République sous le nom de l'Acte constitutionnel de la Transition.

Les grands principes fondamentaux nouveaux dégagés dans l'Acte constitutionnel de la transition seront examinés plus loin dans le chapitre consacré au Gouvernement, analysant l'ordonnance du Président de la République relative à ce sujet. Dans l'Acte susmentionné, les droits fondamentaux de la personne humaine et les devoirs des citoyens ont reçu une proclamation et une consécration globale traditionnellement suivie dans les constitutions modernes, mais dans une perspective dialectique non différente de celle suivie dans la Constitution de

1967 ; c'est-à-dire que l'homme n'a pas que des droits, il a aussi des devoirs envers l'État et la communauté.

Ce processus arriva de cette manière à son terme, écrasant miraculeusement sans nul doute, une perspective révolutionnaire mal conçue, mal organisée et mal conduite par des hommes qui n'en avaient ni qualité ni compétence.

CHAPITRE 6

L'ordre constitutionnel de la transition pactée (Acte constitutionnel de la transition du 9 avril 1994)

L'organisation et l'exercice du pouvoir pendant la période de la transition à la troisième République reposent sur la prise en compte des options fondamentales arrêtées dans le Protocole d'accord du Palais du Peuple par la classe politique zaïroise. L'Acte constitutionnel de la transition est clair à ce sujet et met en œuvre les principales options ci-après[75] :

- Les institutions de la République sont : le Président de la République, le Haut Conseil de la Transition, le Gouvernement et les cours et tribunaux.
- Le Premier ministre est le Chef du Gouvernement, celui-ci est pleinement responsable de la gestion de l'État et en répond devant le Haut- Conseil de la République-Parlement de transition (HCR-PT);
- Les Cours et Tribunaux demeurent indépendants afin d'assurer le respect du droit et des libertés fondamentales.
- Toutes les institutions de la Transition sont appelées à fonctionner de manière à refléter leur neutralité, dans un esprit d'étroite collaboration et de concertation permanente en vue de favoriser la non-conflictualité tout en

[75] Cf. Exposé de motifs de l'*Acte constitutionnel de la transition du 9 avril 1994*, Journal officiel de la République du Zaïre (35e année), n° spécial, avril 1994.

sauvegardant leur indépendance chacune vis-à-vis des autres par le respect des principes de non-exclusion et de partage équitable et équilibré du pouvoir.

- L'instauration des mécanismes de collaboration et de concertation permanente entre les Institutions de la République.

Ces cinq options expriment le nouvel esprit qui préside à l'organisation et à l'exercice du pouvoir politique pendant la période de la transition à la Troisième République. C'est cette nouveauté qui permet, de qualifier le système zaïrois de la Transition comme étant une organisation *sui generis*, dans la mesure où pour l'essentiel, ce système mis en place ignore ou presque la décision majoritaire au profit du consensus et de la concertation dans l'exercice du pouvoir politique contrairement à ce qui se passe dans les sociétés politiques réellement démocratiques.

I. Le président de la République

Lors de grandes négociations de la classe politique zaïroise consacrées au statut des institutions pendant la période de la Transition, l'institution « Président de la République » est celle qui n'a pu soulever beaucoup de problèmes de légalité et de légitimité.

Dans un discours équivoque incohérent et irrationaliste, l'Union Sacrée de l'opposition radicale a tenté de polariser la classe politique en vue d'obtenir le départ du Président Mobutu et créer la vacance. Mais les parties en présence n'ont pas tardé à s'accorder sur ce qui est une évidence : le Président de la République est le Garant de la Nation. En tant que tel, celui-ci devrait être simplement soumis au principe de la neutralité. Telle en fut la décision des négociateurs des Accords du Palais du peuple dont il sera abondamment question dans la suite de cette étude.

Par contre, la constitution et la composition des institutions parlementaires jadis dédoublées ont fait l'objet de tiraillement et de marchandage politique fort complexe, risqué et périlleux dans toutes les négociations de la politique depuis le début du processus de démocratisation.

Nous verrons dans ce chapitre consacré à l'institution « Président de la République » le statut du Président, l'exercice de la fonction présidentielle ainsi que l'ensemble des dispositions constitutionnelles relatives aux pouvoirs de crise.

1. Le statut constitutionnel du Président de la République

D'après l'article 39 de l'Acte constitutionnel de la Transition, le Président de la République est le chef de l'État. Il représente la Nation et est le symbole de l'unité nationale et le garant de la Nation. Ses fonctions sont incompatibles avec l'exercice de tout mandat ou fonction publique ou d'une activité à caractère lucratif. Il est le chef suprême des forces armées.

1.1. La durée des fonctions

La durée des fonctions du Président de la République correspond à celle de la période de transition. Ceci est conforme, d'une manière générale à l'esprit de l'article 118 : « les institutions de la période de transition fonctionnent jusqu'à l'installation effective des institutions correspondantes de la troisième république ».

L'article 119 de l'Acte règle de manière singulière le cas de l'institution Président de la République évitant de cette façon une éventuelle confusion dans la permanence de l'exercice de cette importante fonction. « Sans préjudice des dispositions des articles 53 et 93, le Président de la République actuellement en fonction demeure Président élu ». Ainsi et par voie de conséquence, non seulement il demeure en fonction, mais aussi « il exerce les prérogatives qui lui sont dévolues par le présent Acte ». Cette précaution expresse a été ainsi prise pour éviter la réédition des incertitudes créées autour du mandat du Président Mobutu à la veille de la date du 5 septembre 1991 lorsque son mandat de sept ans à la tête de l'État s'approchait de sa fin. À cette époque deux opinions se propageaient dans le peuple. Pour la plus grande partie des citoyens zaïrois, le Président de la République devait continuer ses fonctions jusqu'à l'élection du nouveau Président. Cette opinion était conforme aux dispositions transitoires de la Constitution révisée à l'époque. Tandis que pour une autre fraction du peuple, proche de l'opposition, le Président de la République ne devrait plus continuer. L'opposition entendait ainsi créer la vacance pour permettre la désignation d'un Président par intérim. Autant de raison qui a milité en faveur de la formulation contenue dans l'article 119 de l'Acte constitutionnel.

1.2. Cessation des fonctions

La cessation des fonctions du Président de la République pendant la période de la transition se réalise conformément aux dispositions de l'article 53 de l'acte constitutionnel de la transition. « Les fonctions du Président de la République prennent fin par démission, décès, empêchement définitif, déchéance prononcée par la Cour Suprême de Justice dans les conditions déterminées et constatées par la Cour Suprême de justice saisie par le Haut Conseil de la République-Parlement de transition qui en informe la Nation par un message.

1.3. L'intérim du Président

Lorsque la vacance a été créée, l'intérim du Président de la République est assuré en conformité avec l'article 54 de l'Acte constitutionnel de la transition. « En cas de vacance, les fonctions de Président de la République sont exercées par le Président du Haut Conseil de la République-Parlement de Transition, jusqu'à l'investiture du Président élu ». Dans ce cas, le Président *ad intérim* abandonne ses fonctions de Président de l'institution législative, fonctions du reste incompatibles avec son nouveau statut.

1.4. La responsabilité pour haute trahison

Les alinéas 1 et 2 de l'article 93 de l'Acte constitutionnel de la Transition clarifient la position du constituant en ce qui concerne la responsabilité pénale du Chef de l'État dans l'exercice de ses fonctions. Il n'est pénalement responsable des actes accomplis dans l'exercice de ses fonctions qu'en cas de haute trahison ou de violation intentionnelle de l'Acte constitutionnel de Transition.

Le quatrième alinéa précise des cas constitutifs de haute trahison : atteinte à l'indépendance nationale ou à l'intégrité du territoire national, la tentative de se substituer aux autres pouvoirs constitutionnels, la volonté d'empêcher les autres institutions d'exercice normalement leurs attributions.

Dans le cas où le Président de la République a commis un type de violations décrites aux alinéas 1 et 2 de l'article sous examen, ou tout autre infraction à la loi pénale, des poursuites ne peuvent se déclencher contre lui que s'il a été mis en accusation devant la Cour Suprême de justice par le Haut Conseil de la République-Parlement de Transition se prononçant à la majorité des trois quarts de ses membres. Cette condition exigée dans l'alinéa 4 de l'article susmentionné s'applique donc en conformité avec la dernière disposition de l'article 69 de l'Acte : « les décisions relatives à la mise en accusation du Président de la République (...) sont prises, en cas de recours au vote, à la majorité des trois quarts des membres qui composent le Haut Conseil de la République-Parlement de Transition ».

En conclusion, le Président de la République n'est responsable politiquement que pour des actes de haute trahison et pénalement pour des infractions des délits commis en dehors de l'exercice de ses fonctions de Président de la République.

L'article 93 a prévu dans ses dernières dispositions qu'une loi à venir détermine les cas applicables aux infractions de haute trahison et de violation intentionnelle de l'Acte constitutionnel de la trahison ainsi que la procédure à suivre devant la Cour Suprême de justice. Mais fort malheureusement, une telle loi n'avait pu être déposée au niveau du Haut Conseil de la République-Parlement de Transition.

2. Les pouvoirs du président

Il s'agit ici d'apprécier au sens juridique et précis du terme, c'est-à-dire des décisions et actes que la Constitution l'autorise à prendre. Il faut distinguer à cet égard et par référence à la section 1 du chapitre II de l'Acte constitutionnel de la Transition, deux catégories de pouvoirs : d'une part les pouvoirs propres, qu'il exerce personnellement et seul, d'autre part, les pouvoirs partagés avec le Gouvernement (avec le Premier ministre ou avec le ou les ministres).

2.1. Les pouvoirs propres

Ces pouvoirs s'appliquent aux compétences du chef de l'État. Le constituant de la transition a sensiblement réduit les domaines des pouvoirs propres du Président de la République au point où ils se limitent aujourd'hui aux actes concernant l'organisation et le fonctionnement de son cabinet, à la nomination du Premier ministre, aux mesures de grâce, aux grades et à la décoration dans les Ordres nationaux, aux discours à la Nation ainsi qu'aux messages de HCR-PT et des notes d'instructions et d'impulsion adressées au Gouvernement.

2.2. Les pouvoirs partagés

Comme on l'a vu, il s'agit des pouvoirs partagés avec le Premier ministre et le Gouvernement, dont l'exercice nécessite juridiquement le contreseing du Chef du Gouvernement ou des ministres concernés par l'application. Ainsi, par rapport aux pouvoirs propres qui sont en fait des pouvoirs d'attribution, les pouvoirs partagés se révèlent comme étant ceux de la catégorie de droit. Ils concernent donc l'exercice de l'ensemble des prérogatives essentielles prévues aux articles 46 alinéa 2, 47 et 48 de l'Acte constitutionnel de la Transition, notamment la nomination et la révocation des hauts cadres de l'administration, de la territoriale, de la diplomatie, des forces armées, exception faite des commissaires aux comptes d'une part et d'autre part par les déclarations de guerre, la proclamation de l'état de siège et d'urgence.

L'exercice de la fonction présidentielle met en exergue les rapports dialectiques nécessaires et les diverses interactions entre d'une part le Président de la République et le Premier ministre-chef du gouvernement en tant que deuxième branche de l'exécutif et d'autre part entre le Président et le Haut Conseil de la République en tant que pouvoir législatif d'autre part. ceci confirme le fait qu'en application des textes et sans doute davantage encore en marge de ceux-ci, le Président de la République est en réalité le centre de tous les mécanismes constitutionnels et politiques. Cela est d'autant plus commode pour lui que durant la transition à la troisième République, celui-ci n'est pas en face d'une majorité parlementaire d'orientation opposée. Nous aurions pu consacrer à cette étape déjà une analyse des rapports entre le Chef de l'État et le HCR-PT d'une part et d'autre part entre le Chef de l'État et le Gouvernement.

Pour des raisons d'accommodement et de cohérence dans l'appréhension des problèmes soumis à l'analyse, nous avons préféré aborder les mêmes rapports dans les chapitres ultérieurs consacrés au HCR-PT et au Gouvernement.

2.3. L'exercice du pouvoir de crise

L'article 48 de l'Acte constitutionnel de la Transition qui est en quelque sorte l'équivalent de l'article 16 de la Constitution française de 1958, attribue au Président de la République des pouvoirs spéciaux qu'il exerce dans les situations de crise. Mais il s'agit tout de même des pouvoirs dont l'exercice est fortement réglementé par les articles 49 et 50 du même acte ; situation qui n'existe pas dans le cas de l'article 16 de la Constitution française susmentionnée qui lui confère au Président français un véritable pouvoir autonome et personnel de décision discrétionnaire après consultation avec le Premier ministre, les Présidents des chambres et la Cour Constitutionnelle et dont les avis ne lient le Président.

La mise en œuvre des pouvoirs d'exception

- « À la demande du Gouvernement et après avis conforme du Haut Conseil de la République-Parlement de Transition, le Président de la République déclare la guerre. Il en informe la nation par un message… » ;
- « En temps de guerre, sur proposition du Gouvernement, le Président de la République proclame l'état de siège… » ;

- « lorsqu'un danger menace la République ou que le fonctionnement régulier des institutions de la République ou d'une région est interrompu, le Président de la République, sur l'initiative du Gouvernement, proclame sans délai, l'état d'urgence ».

Il ressort de cette formulation que le Président de la République a la possibilité de mettre en œuvre ses pouvoirs de crise de trois manières : déclarer l'état de guerre aux tierces puissances, lorsque cette situation existe effectivement proclamer l'état de siège et enfin proclamer l'état d'urgence lorsqu'une menace pèse et empêche le bon fonctionnement soit de toute la République soit d'une partie seulement de celle-ci.

Ainsi, la mise en œuvre des pouvoirs spéciaux du Président de la République ou pouvoirs de crise doit-elle se soumettre aux trois situations qui viennent d'être précisées.

Les conditions de forme : approbation du HCR-PT et de la CSJ

Il y a trois conditions de forme qui relèvent en fait de la catégorie du régime juridique de contrôle a priori dans ce sens que seul le respect est de nature à conférer la valeur juridique requise pour leur entrée en vigueur effective. C'est ainsi que l'avis conforme du HCR-PT à la demande du Gouvernement tendant à faire déclarer par le Président est absolument nécessaire. De même, le pouvoir qu'a le Président de la République de proclamer l'état de siège ne s'exerce que sur proposition du Gouvernement, ce n'est donc pas un pouvoir personnel. Il en est ainsi aussi en ce qui concerne l'état d'urgence car, les déclarations du Président de la République qui les met en œuvre, y compris les mesures d'urgence décrétées pour faire face à la situation doivent absolument être approuvées par le Haut Conseil de la République-Parlement de Transition dès lors que lesdites mesures sont du domaine de la loi ou de dérogation à la Constitution.

L'article 49 de l'Acte constitutionnel dispose à cet égard : « Le Président de la République dépose la déclaration de l'état de siège ou de l'état d'urgence ainsi que les mesures qui sont normalement du domaine de la loi ou dérogent au présent Acte immédiatement après leur signature sur le Bureau du Haut Conseil de la République-Parlement de Transition en vue de leur approbation… »

Si, en ce qui concerne la déclaration de guerre, la proclamation de l'état de siège et d'urgence les tractations se déroulent uniquement entre le Président de la République et le Haut Conseil de la République, l'intervention de la Cour Suprême de justice est absolument nécessaire en ce qui concerne l'entrée en vigueur des mesures d'urgence prévues au dernier alinéa de l'article 48 de l'Acte comme moyens de faire face à la menace soit au danger. « Le Gouvernement présidé par le Chef de l'État prend alors des mesures urgentes nécessaires pour faire face à la situation ».

L'intervention de la Cour Suprême est exigée dans la mesure où c'est à elle qu'il appartient de déterminer si oui ou non les mesures d'urgence prises par le Gouvernement sous la présidence du Président de la République dérogent à l'Acte constitutionnel de la Transition de la République. L'opinion de la Cour doit être préalable à la décision de l'Assemblée législative qui, elle, donne l'approbation définitive.

C'est ainsi que le dernier alinéa de l'article 49 de l'Acte Constitutionnel déclare : « les mesures d'urgence sont, dès leur signature, soumises à la Cour Suprême de justice qui, toutes affaires cessantes, déclare si elles dérogent ou non au présent Acte constitutionnel de la Transition ».

L'avant-dernier alinéa de l'article 50 de l'Acte nous confirme dans cette orientation : « les mesures déclarées dérogatoires au présent Acte par la Cour Suprême de justice ne sont approuvées qu'à la majorité des 2/3 du Haut Conseil de la République-Parlement de Transition… »

Les conséquences juridiques des mesures d'exception

Le recours à la déclaration de guerre suivie de la proclamation de l'état de siège ou d'urgence ainsi que des mesures d'urgence qui les accompagnent créent dans le pays une véritable situation d'exception souvent dérogatoire au droit commun. Les conséquences possibles sont :

1° restrictions faites à certaines catégories des droits de l'homme, par exemple le droit à la libre circulation, le droit de la libre expression, le droit de réunion, etc.

2° possible substitution des juridictions militaires d'exception aux juridictions ordinaires de droit commun et pour une certaine catégorie de délits ;

3° possible instauration d'une dictature légale.

Comme on le voit, ce régime d'exception qui est fortement incompatible avec l'ordre institutionnel ou à la sécurité des personnes et des biens surgit dans le pays.

La durée des mesures d'exception

Cessation de plein droit. L'on se référera pour l'essentiel à l'alinéa 1er de l'article 50 de l'Acte qui dispose :

> *« La proclamation de l'état de siège ou d'urgence et les mesures d'urgence qui sont du domaine de la loi cessent de plein droit de produire leurs effets si le Haut Conseil de la République-Parlement de Transition les rejette ou en tout cas ne les approuve pas dans un délai de trente jours à compter de la date du dépôt sur le Bureau du Haut Conseil de la République-Parlement de Transition si celui-ci est en vacance au moment de la proclamation de l'état de siège ou d'urgence ».*

Cessation automatique. L'état de siège ou d'urgence est proclamé pour une période de trente jours maximum. À l'expiration de ce délai et si les circonstances l'exigent, il peut être prolongé pour les périodes successives de 15 jours chacune. Si cette prolongation n'a pas lieu, les mesures cessent de s'appliquer.

Cessation par décision législative. Une loi régulièrement adoptée par le Haut Conseil de la République-Parlement de transition peut ordonner la fin de l'application des mesures d'exception prises en exécution de l'article 48. Le dernier alinéa de l'article 50 de l'Acte constitutionnel de la Transition est clair à cet égard : « le Haut Conseil de la République-Parlement de Transition peut à tout moment mettre fin par une loi à l'état de siège ou d'urgence ».

II. Le Haut Conseil de la République-Parlement de Transition (HCR-PT)

Le Haut Conseil de la République-Parlement de Transition est la deuxième institution de la République après le Président de la République. Il s'agit d'un Parlement non élu de création consensuelle selon le vœu de la classe politique zaïroise lors des négociations du Palais peuple de 1993. Nous verrons dans ce chapitre sa composition, ses prérogatives, son organisation et son fonctionnement.

1. Composition du Haut Conseil de la République-Parlement de Transition (HCR-PT)

1.1. Les thèses en présence à la commission n 3

Lors des concertations du Palais du peuple qui ont eu lieu comme on l'a vu en 1993, un accord s'était dégagé au sein de la Commission n°1 chargée de l'examen de la problématique du texte constitutionnel de la transition entre les deux délégations non seulement sur la nécessité de mettre fin au dédoublement de l'institution parlementaire pendant la période de transition, mais aussi sur celle d'avoir une institution parlementaire à structure monocamérale, le réaménagement par consensus de son bureau[76].

La Commission n 3 des concertations du Palais du peuple qui a été chargée d'examiner les problèmes liés à la neutralité des institutions et des services publics et à la non-conflictualité de la transition a dégagé un consensus autour de trois principes directeurs dont deux seulement intéressent la composition du Haut Conseil de la République et la représentation — pour cette recomposition géographique— de toutes les zones de la République[77].

Le souhait ainsi manifesté par tous de parvenir à la recomposition ou au réaménagement du Haut Conseil de la République a posé par la suite, au sein de la même commission n 3 le problème concernant les modalités pratiques pour la concrétisation de cette recomposition.

---

[76] *Rapport final*, Op. Cit, pp. 8-9.
[77] *Rapport final*, Op. Cit, p 7.

Les deux parties en présence l'USOR et alliées d'un côté et les FPC de l'autre, ont défendu chacune des points de vue divergents à cet égard. Pour la première, le réaménagement ou la recomposition du HCR devrait se faire dans le strict respect de la nature même de cette institution. Cette position dégage donc deux idées principales : respecter la proportionnalité des composantes ayant participé à la Conférence nationale souveraine et deuxièmement, la cooptation ne devrait pas se réaliser qu'en faveur des seuls anciens conférenciers.

Cette thèse sur la nature du HCR tout comme les deux hypothèses qui la soutiennent quant à la composition de cette institution rencontra une opposition ferme de l'autre famille politique, les FPC. Pour celles-ci donc, toutes les forces politiques et sans références ni aux composantes de la CNS ni à la proportionnalité desdites composantes. La commission numéro 3 termina ses travaux sur cette divergence et soumit la question à la plénière des concertations[78].

1.2. Les solutions du Protocole d'Accord et de l'Acte

Le Protocole d'Accord

Après un long débat qui a duré plusieurs jours, la réunion plénière des Concertations politiques du Palais du peuple a accepté le principe suivant lequel le Haut Conseil de la République devrait être composé de trois catégories de membre comprenant les anciens députés de l'Assemblée nationale, les conférenciers membres de l'ancien HCR issu de la CNS et des concertateurs du Palais du peuple. Cela fut inscrit dans le Protocole d'Accord des concertations. Ce qui marque le triomphe de la thèse défendue par les FPC.

L'Acte constitutionnel de la Transition

Le Haut Conseil de la République qui a, comme on le verra plus loin, une double fonction de constituant et de législateur a réalisé sa naissance sur la seule base et en exécution du Protocole

[78] *Rapport final*; Op. Cit p. 12.

d'Accord convenu au sein de la classe politique à l'issue des Concertations du Palais du peuple.

C'est en tant qu'Assemblée constituante qu'il a rédigé et adopté l'Acte constitutionnel de la Transition duquel il tire ensuite l'ensemble de ses prérogatives. On peut ainsi dire, normalement, que le Haut Conseil de la République a sa source juridique et sa légitimité dans le Protocole d'Accord du Palais du peuple.

C'est après qu'il ait été composé et installé que l'Acte constitutionnel de la Transition est venu régler constitutionnellement le problème lié à sa composition en tenant compte, bien entendu, du respect du principe central de la non-exclusion déjà inscrit dans le Protocole d'Accord sur proposition de la commission n° 3 susmentionnée.

L'Acte constitutionnel de la Transition dispose, en ce qui concerne sa nature, que : « le Haut Conseil de la République-Parlement de Transition est l'institution législative de la transition. Il est constitué d'une Chambre unique. Ses membres portent le titre de Conseiller de la République. Leur mandat est national (article 55) ». En ce qui concerne sa composition : « le Haut Conseil de la République-Parlement de Transition est composé :

- Des conseillers de la République désignés par la Conférence nationale souveraine ;
- Des députés de l'ancienne Assemblée nationale ayant participé en cette qualité à la CNS ;
- Des négociateurs aux concertations politiques du palais du peuple qui ne sont ni conseillers de la République ni députés (article 56).

Sur cette base, la composition numérique officielle du haut Conseil de la République est de 738 parlementaires issus des forces politiques et sociales de la Nation sans aucune exclusion.

2. L'exercice du mandat de Conseiller de la République

2.1. Un mandat national

L'Acte constitutionnel de la Transition et le Règlement intérieur du Haut Conseil de la République-Parlement de Transition consacrent le caractère national du mandat des Conseillers de la République. Cela veut dire que le Conseiller de la République exerce son mandat pour le compte de la nation et a pour juridiction non pas seulement sa zone et sa région d'origine, mais toute la République. L'on comprendra dès lors que le caractère national du mandat du Conseiller de la République est bel et bien conforme à sa qualité de représentant du peuple quand bien même sa désignation en tant que telle a obéi au double souci de l'équilibre régional et de non-exclusion.

2.2. Droits et obligations des Conseillers

Les droits des Conseillers de la République dans l'exercice de leurs mandats sont [79]:

- Les droits de demander et d'avoir la parole au cours des réunions du Haut Conseil de la République soit en plénière soit en commission ;
- Le droit de présenter une proposition de loi selon la procédure prévue à cet égard ;
- Le droit de présenter un amendement à une motion ou à un projet d'amendement ;
- Le droit de poser une question écrite ou orale au gouvernement, aux Cours et Tribunaux, aux entreprises et services publics où à leurs représentants selon la procédure prescrite à ce sujet ;
- Le droit d'interpeller soit le gouvernement, soit les Cours et tribunaux, soit l'autorité de tutelle d'une entreprise ou d'un service public ;
- Le droit, en tant que membre d'une commission d'enquête, d'avoir en tout lieu et en tout temps libre accès à la documentation nécessaire pour l'accomplissement de sa mission ;
- Le droit de demander la parole par motion d'ordre, motion de procédure, motion d'information ou incidentielle ;
- Le droit de participer au vote dans le processus de prise de décision.

---

[79] Cfr les articles 39, 40, 41, 63, 79, 85, 88 et 101 du règlement intérieur du HCR-PT.

2.3. Le régime disciplinaire applicable au Conseiller

L'exercice de tous ces droits ne se fait pas sans imposer quelques devoirs à charge des Conseillers de la République. Il s'agit notamment de :

- L'obligation d'assister aux séances plénières aux lieux et heures fixés par le Président du Haut Conseil de la république Parlement de Transition ;
- L'obligation d'être en tenue de ville pendant les séances plénières ;
- L'obligation de s'inscrire pour avoir la parole ou de demander celle-ci au Président et lorsqu'on a obtenu la parole, de ne s'adresser qu'au Président ou à l'Assemblée plénière ;
- L'obligation de parler de la tribune et debout ;
- Interdiction de recourir à toute imputation malveillante, à toute interpellation du Conseiller de la République, à toute manifestation ou interruption troublante.

Les manquements aux obligations imposées aux Conseillers de la République sont punis des sanctions prévues à l'article 54 du règlement intérieur du Haut Conseil de la République. Ces sanctions sont le rappel à l'ordre simple, le rappel à l'ordre nominal, le rappel à l'ordre avec inscription au procès-verbal et enfin l'exclusion des séances.

Le rappel à l'ordre simple concerne le cas d'un Conseiller de la République qui trouble l'ordre au cours d'un débat. Un membre du Haut Conseil de la république qui, au cours d'une même séance, a déjà été rappelée simple, fait l'objet d'un deuxième rappel à l'ordre est puni d'office de la perte du droit de parole. À moins que le Président de la séance n'en décide autrement, le Conseiller de la République qui a perdu le droit de prendre parole n'obtient ce droit dans le but de se justifier qu'à la fin de la séance. Même alors, le temps nécessaire pour cette justification ne peut dépasser cinq minutes. Aucune autre intervention ne peut avoir lieu.

Après justification donnée par le Conseiller de la République fautif, le Président de la séance peut décider du maintien ou non du rappel à l'ordre. Dans le cas où le rappel est maintenu, le procès-verbal de la séance en fait mention.

L'exclusion temporaire est une sanction qui frappe un Conseiller de la République qui a causé des troubles graves au cours d'une séance du Haut Conseil de la République. Elle impose au Conseiller fautif de s'éloigner des lieux où se tiennent les réunions du Haut Conseil de la République. On entend par ces réunions, les plénières tant du haut Conseil de la République que des Commissions permanentes ou spéciales[80].

La sanction d'exclusion temporaire pour cinq séances est prononcée d'office par le Président à l'endroit de tout Conseiller de la République qui se sera rendu coupable des voies de fait sur l'un de ses collègues dans les locaux où se tiennent les réunions du Haut Conseil de la République[81].

Les autres manquements non prévus dans le règlement intérieur du Haut Conseil de la République sont punis conformément au prescrit de l'article 61 du règlement qui dispose : « sans préjudice des dispositions de l'Acte constitutionnel de la Transition, tous autres manquements non prévus par le présent Règlement intérieur et dont un membre se sera rendu coupable aux lieux de réunions du haut Conseil de la République-Parlement de Transition, sont appréciés et sanctionnés par le Bureau du Haut Conseil de la République-Parlement de Transition et porté à la connaissance de l'Assemblée plénière.

Il est important de signaler que ce régime disciplinaire qui vient d'être décrit concerne le comportement du conseiller de la République dans toutes les réunions plénières et séances qui se tiennent, ce dans n'importe quel lieu au nom et pour le compte du Haut Conseil de la République-Parlement de Transition. L'article 62 du règlement intérieur dispose à cet égard : « les dispositions contenues dans le présent chapitre sont *mutatis mutandis* applicables aux séances des commissions et des sous-commissions ».

L'article 60 du règlement accorde au conseiller sanctionné un droit de recours auprès du Bureau du Haut Conseil de la République qui statuera sur le bien-fondé ou non dudit recours. La

---

80 Règlement intérieur du HCR-PT.

81 Rapport final p. 57.

notification de cette décision est faite à l'intéressé par écrit tout en informant l'Assemblée plénière.

2.4. Les privilèges et immunités parlementaires

Un Conseiller de la République jouit des privilèges d'immunité parlementaire. On entend par immunité l'ensemble des mesures de protection qui entourent le Conseiller de la République dans et à l'occasion de l'exercice de son mandat de représentant du peuple, de surcroît membre de la haute Assemblée. Il s'agit principalement de protéger le Conseiller contre les poursuites judiciaires tout en précisant les conditions dans lesquelles celles-ci peuvent être rendues paisibles. L'article 113 du règlement intérieur dispose à ce sujet : « aucun Conseiller de la République ne peut être poursuivi ou arrêté sans l'autorisation du haut Conseil de la République-Parlement de Transition à la prochaine session ».

Dans tous les cas, l'arrestation ou les poursuites judiciaires contre un Conseiller de la République sont possibles en cas de flagrant délit.

Deux cas de flagrance qui ont donné lieu à des arrestations suivies des condamnations à des peines de servitude pénale principale ont déjà été enregistrés au sein du Haut Conseil de la République-Parlement de Transition. Le premier est celui du conseiller de la République, Mulumba poursuivi et condamné par la Cour Suprême de Justice[82] pour contrefaçon. Le deuxième est un cas d'outrage au Chef de l'État, retenu à charge du Conseiller de la République Enos Bavel. Celui-ci a été également poursuivi dudit chef d'inculpation devant la même Cour qui l'a condamné à six mois de servitude pénale principale.

Dans les situations de ce genre, les autorités judiciaires compétentes saisies n'ont pas besoin de solliciter et d'avoir l'autorisation du Haut Conseil de la République.

L'immunité parlementaire joue efficacement et protège totalement le conseiller de la République dans les cas des opinions émises par celui-ci à l'occasion de l'exercice de ses fonctions. Dans ce cas précis, l'arrestation et les poursuites judiciaires ne

[82] La juridiction qui a qualité et compétence pour juger les Conseillers de la République.

sauraient être possibles et entamées contre un membre du haut Conseil de la République.

2.5. La fin du mandat du Conseiller de la République

L'article 63 de l'Acte constitutionnel de la Transition prévoit la fin du mandat de Conseiller de la République dans les cas suivants : la fin de la transition, le décès, la démission, l'incapacité permanente et l'absence injustifiée à plus d'un quart des séances d'une session. À ces causes, l'article 117 du règlement intérieur ajoute la déchéance ou l'empêchement définitif, la perte de nationalité et le cas d'incompatibilité.

Nous allons nous intéresser à cinq causes concernant l'incompatibilité permanente, l'absence injustifiée à plus d'un quart des séances d'une session, la déchéance ou l'empêchement définitif, la perte de nationalité et le cas d'incompatibilité.

Voyons comment se présente la concrétisation de tout cela sur le plan pratique.

Le cas de l'incompatibilité permanente est régi par l'article 118 du Règlement intérieur et concerne des cas de santé ou de maladie. Dans ce cas, le Haut Conseil de la République assure à l'intéressé tous les soins nécessaires que requiert la situation. Si le bureau du Haut Conseil de la République constate, après tout, que le conseiller concerné s'est absenté à deux sessions ordinaires consécutives, il constitue une Commission de trois médecins chargés d'examiner le malade et d'établir un rapport conjoint sur l'état de la santé de l'intéressé. Le rapport doit en déterminer son aptitude physique. L'Assemblée plénière est informée par le Bureau, de l'état de santé et de l'aptitude physique du Conseiller. En cas d'aptitude physique négative, l'Assemblée décide de la déchéance au cours d'une délibération à huis clos conformément aux dispositions de l'article 120 du règlement intérieur. « Tout conseiller de la République frappé d'incapacité permanente dûment constatée perd son mandat... »

Le cas d'absence injustifiée résulte du contrôle et de la comptabilisation des présences d'une part et des absences d'autre part. S'il ressort de ce relevé qu'un conseiller de la République s'est absenté[83] à plus d'un quart de séances au cours d'une même session, le Haut Conseil de la République qui en est informé par son Bureau procède à la Constitution d'une commission spéciale pour examiner son cas. Celle-ci entend l'intéressé et dépose ensuite ses conclusions devant l'Assemblée plénière qui délibère à huis clos et se prononce le cas échéant sur la déchéance du Conseiller concerné[84].

Le règlement intérieur du Haut Conseil de la République n'a pas explicité dans ses articles la cause dite « déchéance ou l'empêchement définitif » mentionnée pourtant dans les dispositions de l'article 117. On notera aussi par ailleurs que l'Acte constitutionnel de la Transition ne mentionne pas cette même cause par celles qui sont considérées, au titre de l'article 53 comme justificatives de la perte du mandat de conseiller de la République. Nous pensons que la déchéance est le résultat d'une décision que la Haute Assemblée, qui est en droit de prendre à l'endroit d'un Conseiller de la République reconnu comme ne pouvant plus exercer son mandat au sein de l'institution, décision qui est du reste possible dans le cas de l'incapacité permanente et de l'absence non motivée et non autorisée.

Cette vision est d'autant plus vraie pour les autres causes telles que la perte de nationalité et le cas d'incompatibilité, il y a, non pas déchéance, mais une action d'office qui consiste pour la plénière du Haut Conseil de la République à prendre acte et à pouvoir au remplacement selon les formes prescrites à ce sujet. La mention de ladite cause dans le règlement paraît, nous semble-t-il, relever d'une confusion dans la prise en compte et la maîtrise des concepts. Ainsi donc, la formulation de l'article 63 de l'Acte paraît à la fois claire et cohérente.

La perte de nationalité résulte du fait qu'un conseiller de la République, soit par un conflit des lois entre les lois zaïroises et les lois étrangères, soit par une naturalisation concurrente, soit par le respect de la condition juridique d'une femme mariée soit enfin par la survenance de toute autre cause, finit par perdre la nationalité zaïroise qu'il détenait au moment de son entrée au Haut Conseil de la République au profit d'une autre nationalité

83 Cfr Acte Constitutionnel de la Transition, article 59.

84 Cf. Règlement intérieur du HCR-PT, article 118 et 121.

étrangère qui le place dans la condition d'étranger au Congo-Zaïre. Cette cause est d'autant plus sérieuse que la nationalité zaïroise obéit au principe de l'exclusivité et que seuls les Zaïrois ont le droit d'exercer les droits politiques dans le pays conformément aux règles fondamentales de notre droit public.

Enfin le cas d'incompatibilité a été prévu aux articles 64 de l'Acte constitutionnel de la Transition et 122 du Règlement intérieur du Haut Conseil de la République-Parlement de Transition. Cette incompatibilité signifie tout simplement qu'un Conseiller de la République qui accepterait d'être membre du Gouvernement, des Forces armées zaïroises et des Forces de l'ordre et de sécurité ou encore qui accepterait d'être magistrat, Agent de carrière des services publics de l'État, cadre politico-administratif de la territoriale — à l'exception des Chefs de collectivités, chefferies et Groupement—, mandataires publics, membre des cabinets du Président de la République ou de ministre, doit être considéré d'office comme ayant manifesté sa volonté d'abandonner son mandat au sein de l'institution législative au profit d'une autre fonction. Dans ce cas le membre partant est remplacé selon les conditions prévues aux articles 63 alinéa 2 de l'Acte constitutionnel de la Transition et 123 du règlement intérieur du Haut Conseil de la République-Parlement de Transition.

3. Les prérogatives constitutionnelles du Haut Conseil de la République-Parlement de Transition.

Les prérogatives constitutionnelles essentielles du haut Conseil de la République-Parlement de Transition sont inscrites dans l'article 58 de l'Acte constitutionnel de la Transition qui dispose comme suit :

« Sans préjudice des autres prérogatives qui lui sont reconnues par le présent Acte, le Haut Conseil de la République-Parlement de Transition a pour mission de :

- Élaborer les lois ;
- Contrôler le pouvoir ;
- Avis conforme et autorisations ;

- Suivi et contrôle de l'exécution des actes de la Conférence nationale souveraine ;
- Interpréter les actes de la Conférence nationale souveraine autre que le présent acte ;
- Définir la structure devant assurer la tutelle des médias publics en vue d'en garantir la neutralité, sans préjudice des dispositions de l'article 59. »

Le triple souci de clarté, de cohérence et de commodité dans le processus de cette analyse suggère que nous ne puissions aborder utilement que les trois premières missions de la Haute Assemblée. Nous ne saurions absorber ni la quatrième ni la cinquième mission parce que le Haut Conseil de la République n'a jamais pu et quand il n'a pu jamais voulu, sincèrement, nous y intéresser. Cette affirmation résulte d'une constatation et n'accuse personne pour quoi que ce soit.

Ces précisions utiles étant données, il y a dès lors lieu de signaler que trois types de prérogatives seulement seront étudiées et analysées dans le cadre de cette section, et ce suivant l'énumération qu'ils ont dans les corps des articles 58 de l'Acte constitutionnel de la Transition et 2 du règlement intérieur du Haut Conseil de la République-Parlement de Transition.

Nous verrons ainsi tour à tour dans ces deux textes, l'action de législation, l'action de contrôle et enfin l'action relative aux avis conformes. Cependant il y a lieu de signaler le cas de la motion de censure prévue aux articles 92 de l'Acte et 93 du règlement intérieur qui mérite d'être aussi examiné.

3.1. Action de législation et domaine de la loi

En se basant sur les procédures formelles quant à l'initiative d'élaboration et d'adoption, on peut dire qu'il existe deux types d'actions législatives. Il y a donc d'un côté les lois ordinaires et spéciales et de l'autre, celles concernant la révision constitutionnelle.

Lois ordinaires et lois spéciales

Les lois ordinaires sont celles qui relèvent de l'activité ordinaire et classique du parlement. En tant que telles, elles ont deux vocations et consistent à réglementer une matière donnée soit à poser simplement un principe directeur dans un domaine donné, principe susceptible d'être repris et suivi dans l'activité réglementaire du pouvoir exécutif, c'est-à-dire qu'il s'agit ici des lois qui indiquent des orientations à suivre.

Les lois ordinaires fixent les règles dans les domaines ci-après selon l'énumération de l'article 59 de l'Acte

- Les lois civiques et les garanties accordées aux citoyens pour l'exercice des libertés publiques ;
- Les sujétions imposées aux citoyens en leur personne pour la défense nationale et leur développement ainsi qu'en leur bien ;
- La nationalité, l'état et la capacité des personnes, les régimes matrimoniaux, les successions et les libéralités ;
- La détermination des infractions ainsi que les peines qui leur sont appliquées ;
- L'amnistie ;
- Le statut des magistrats et le régime juridique du Conseil Supérieur de la Magistrature ;
- La procédure suivie devant les juridictions ;
- Les droits de la défense ;
- L'assiette, le taux et les modalités de recouvrement des impôts ;
- Les emprunts et les engagements financiers de l'État et des régions ;
- La création des établissements publics ;
- Le statut de la fonction publique ;
- Le droit du travail et de la sécurité sociale ;
- L'autonomie de la gestion administrative et financière du Haut Conseil de la République-Parlement de la Transition ;
- Le plan de développement économique et social ;

- L'organisation de la défense nationale, le mode de recrutement des membres des Forces armées, l'avancement, les droits et obligation des militaires ;
- Le régime des élections.

L'article 59 susmentionné de l'Acte énumère comme suit les domaines ou la loi ne peut poser que les principes fondamentaux :

- La décentralisation ;
- La nationalisation, la dénationalisation et la privatisation des entreprises ;
- Le régime foncier et minier ;
- La mutualité et l'épargne ;
- L'enseignement et la santé ;
- Le régime pénitentiaire ;
- Le pluralisme politique et syndical ;
- Le droit de grève ;
- L'organisation des médias publics ;
- La recherche scientifique ;
- La coopérative ;
- La culture et les arts ;
- Les sports et loisirs.

Les lois spéciales concernent des matières ayant un caractère exceptionnel et ne tombant pas dans les catégories des domaines prévus à l'article 59. Il en est par exemple des lois relatives aux finances publiques qui ont comme spécificité la détermination des ressources et des charges de l'État. Dans cette matière, seul le gouvernement a droit à l'initiative.

L'article 60 de l'Acte qui soustrait cette matière des domaines prévue à l'article 59 en fait un domaine à part précise que « les lois des finances déterminent les ressources et les charges de l'Etat ». Le caractère spécial des lois régissant cette matière est d'autant renforcé que celle-ci ait une vie bien déterminée par le temps.

Il y a lieu de noter enfin que toutes les autres matières possibles dans la vie soit de l'État soit des citoyens non prévus aux articles 59 et 60 ci-dessus ne sont pas concernées par la loi conformément aux dispositions de l'article 61 de l'Acte, de telles matières ont un caractère réglementaire et relèvent de la compétence du pouvoir exécutif.

Les lois relatives à la révision constitutionnelle

La révision de la constitution a pour but de modifier une ou plusieurs dispositions du texte de la Constitution en vigueur. Conformément à l'article 116 de l'Acte, cette prérogative essentielle appartient au Haut Conseil de la République-Parlement de la Transition. Des lois portant modification de la Constitution diffèrent des autres lois en ce qui concerne aussi bien la procédure formelle de l'initiative que les conditions de la prise de décision au sein de l'institution parlementaire.

Dans ce cas de la révision, l'initiative de la loi appartient non pas à chaque conseiller de la République considéré individuellement, mais à la moitié des membres du Haut Conseil de la République-Parlement de Transition sous forme de proposition, contrairement aux dispositions de l'article 63 du règlement intérieur, lorsque cette initiative vient du parlement.

Quant au mode de prise de décision, le constituant a considéré que la révision de la Constitution relève de la catégorie des matières d'importance nationale prévues à l'article 69 de l'Acte, en ce qu'elle touche à l'ordre institutionnel de la Transition et que par conséquent seul le consensus au sein de l'institution doit être de mise.

Ces deux conditions essentielles quant à l'initiative et le mode de décision ont été scrupuleusement suivies et appliquées lors de l'examen de la loi qui a porté en 1995 la révision de l'article 117 de l'Acte en vue de la prolongation de la durée de la Transition[85], durée prolongée de deux ans à dater du 9 juillet 1995.

On précisera enfin qu'aussi bien pour les lois ordinaires et spéciales que pour les lois de révision constitutionnelle, les modes d'adoption et de vote seront examinés plus loin dans les matières consacrées à la procédure législative dans le cadre du

[85] Loi n° 95-004 du 6 juillet 1995, portant révision de l'article 117 de l'Acte constitutionnel de la Transition.

fonctionnement du Haut Conseil de la République-Parlement de Transition.

3.2. Action de contrôle et moyens de contrôle

L'action de contrôle a pour but, sur la base d'une échelle de valeurs, soit de vérifier la régularité d'un acte soit l'exécution d'une obligation d'importance essentielle. Lorsqu'une action de contrôle aboutit à un manquement, celui-ci appelle ou implique nécessairement une sanction. C'est bien dans cette double perspective qu'il y ait lieu de concevoir et systématiser le dispositif constitutionnel inscrit dans l'article 70 de l'Acte. Il y est écrit : « les moyens d'information et de contrôle du Haut Conseil de la République-Parlement de Transition sur le gouvernement et les services publics sont : la question écrite, la question orale avec ou sans débat non suivie de vote, la question d'actualité, la commission d'enquête et l'interpellation ». L'article ajoute dans son dernier alinéa : « ces moyens s'exercent dans les conditions déterminées par la loi et le règlement intérieur du Haut Conseil de la République-Parlement de Transition ».

L'article 70 ainsi libellé est bien complété — on dirait bien repris — par les dispositions pertinentes de l'article 78 du règlement intérieur du Haut Conseil de la République-Parlement de Transition qui tranchent: « le Haut Conseil de la République-Parlement de Transition dispose du pouvoir de contrôle sur le Gouvernement, les entreprises et les services publics ainsi que sur les Cours et tribunaux sous réserve de l'application effective du principe fondamental de l'indépendance du pouvoir judiciaire dans les limites prescrites par la loi. Il exerce soit par la question écrite ou orale soit par l'interpellation, soit par les Commissions d'enquête instituées en son sein. Cette prérogative est également reconnue à chacun des membres du Haut Conseil de la République-Parlement de Transition ».

Ces deux textes indiquent — *grosso modo* — qui contrôle, qui peut être contrôlé et comment peut-il être contrôlé. Nous tacherons dans ce paragraphe de préciser les conditions ou la procédure prévue dans chaque situation, le cas échéant, quelles sont les conséquences auxquelles ces différents contrôles donnent lieu concrètement.

Les questions écrites ou orales et d'actualité

La question écrite et la question orale sont prévues respectivement aux articles 79 et 85 du règlement intérieur du Haut Conseil de la République-Parlement de Transition. Dans les deux cas, elles ont pour auteur, tout Conseiller de la République qui désire soit des informations soit des explications sur le ou les sujets en rapport avec la question. Ces questions peuvent être destinées soit au Gouvernement, aux Cours et tribunaux et services publics soit à leurs représentants.

Sur le plan formel et procédural, ces questions sont posées par un seul Conseiller de la République et ne peuvent concerner que le seul responsable compétent. L'article 80 du règlement intérieur du Haut Conseil de la République exige, en plus, qu'elles soient « libellées clairement, avec conclusion et évitent de contenir des imputations d'ordre personnel à l'égard des tiers nommément désignés ». Une question écrite peut être déclarée irrecevable lorsqu'elle porte sur un cas personnel ou lorsqu'elle contient des questions dont l'objet, selon l'article 81 du Règlement, est le même que celui d'un débat en cours ou qui va avoir lieu ».

Dans le cas de la question écrite, le responsable questionné envoie la réponse par écrit au Bureau du haut Conseil de la République-Parlement de Transition quinze jours à dater du jour où la question a été reçue. Deux situations peuvent justifier la transformation d'office de la question écrite en une interpellation du responsable concerné devant la plénière du Haut Conseil de la République-Parlement de Transition. La première concerne le cas où le questionné n'a pas fait parvenir sa réponse au bureau du Haut Conseil dans le délai réglementaire de quinze jours prévus à l'article 82 du règlement intérieur. La deuxième situation concerne le cas où l'auteur de la question dit qu'il n'est pas satisfait de la réponse donnée par le destinataire de la question.

Dans le cas de la question orale, la personne questionnée se présente en plénière du Haut Conseil de la République où il prend la parole à la demande du Président de la séance pour répondre aux questions qui lui ont été posées par le Conseiller de la République, auteur de la demande. Conformément au prescrit de l'article 86 du règlement intérieur, la question orle ne donne lieu à aucun débat en Plénière de la Haute Assemblée.

La question orale peut également donner lieu à une interpellation au cas où son auteur n'est pas satisfait du tout. Mais seulement, dans ce cas l'interpellation n'est pas obtenue d'office ; le Conseiller questionneur est obligé de transformer lui-même sa question en une interpellation en suivant pour cela toute la procédure prescrite aux articles 88 du règlement intérieur et 3 de la loi n° 78-011 du 4 juin 1978 relative à l'exercice parlementaire de contrôle.

Les questions d'actualité sont prévues aux articles 149 et 150 du règlement intérieur. On entend par question d'actualité « toute demande d'information introduite par un membre du Haut Conseil de la République-Parlement de Transition au Gouvernement, aux Cours et tribunaux, auprès de l'autorité de tutelle d'un organisme public de l'État sur un problème de l'heure qui appelle des éclaircissements.

Le règlement intérieur prévoit à cet effet la procédure suivante :

- La question est écrite et formulée avec la plus grande concision ;
- Elle est déposée par son auteur auprès du Bureau du Haut Conseil de la République-Parlement de Transition qui en juge l'opportunité de sa recevabilité ;
- Au cas où la question est recevable, le bureau fixe le jour et l'heure de la séance au cours de laquelle il sera entendu le Gouvernement ou le responsable appelé à donner des éclaircissements ;
- Dans son déroulement, l'auteur se présente et pose sa question en 5 minutes ; cette durée ne pouvant être dépassée alors que le Gouvernement ou l'autre responsable n'a que 30 minutes pour répondre à la question.

Contrairement aux questions écrites ou orales, la question d'actualité ne donne lieu à aucune action de la part de l'institution parlementaire que son auteur soit satisfait ou non, la procédure s'arrête là après la réponse du questionné. De même, elle ne donne lieu à aucun débat.

L'interpellation

L'interpellation est une démarche parlementaire par laquelle un Conseiller de la République tend à obtenir du Gouvernement ou d'un membre de celui-ci des explications sur un point quelconque en rapport avec la marche des affaires de l'État.

La réforme effectuée par le HCR-PT à l'initiative du Conseiller de la République Niemba Lubamba de la Commission juridique complète comme suit l'article 10 de la loi n° 78-011 du 4 juin 1978 et l'article 5 et la loi n° 83-002 du 12 janvier 1983 :

> *« le Conseiller de la République qui se propose d'interpeller soit le Gouvernement, soit un service public de l'État ou leurs représentants doit faire connaître au Bureau du HCR-PT, l'objet de son interpellation par une déclaration écrite. Le texte de l'interpellation est notifié à l'interpellé par le Bureau du HCR-PT ».*

Selon la procédure légale jusqu'à la réforme susmentionnée, la personne interpellée avait l'obligation de se présenter devant le HCR-PT dans un délai de huit jours francs à dater de la notification de l'interpellation.

Le refus de la personne interpellée à se présenter devant le Parlement dans un délai lui imparti permet au HCR-PT d'adresser contre elle un rapport circonstancié au Président de la République et au Gouvernement.

La lecture de l'exposé écrit de l'interpellation, suivi de la réponse du responsable interpellé donne lieu à un débat aussi bien que sur la forme que sur le fond. Ce débat est clôturé après la dernière réplique de l'interpellateur.

Les conclusions de l'ensemble du débat font l'objet d'un rapport soumis à l'approbation de la plénière du HCR-PT et transmis au Gouvernement et au Président de la République par le Bureau du HCR-PT.

Les destinataires des conclusions du HCR-PT sont maîtres et de leurs appréciations et de leurs décisions.

L'enquête parlementaire

Le Règlement intérieur du HCR-PT définit en son article 93 l'enquête parlementaire comme « un droit que le Haut Conseil de la République exerce pour s'enquérir des faits dont il n'est pas ou est insuffisamment éclairé ».

L'institution parlementaire exerce un tel droit par l'intermédiaire des Commissions spéciales qu'elle crée à cet effet. Pour y parvenir, le HCR-PT peut être saisi par chacun de ses membres, par le Président de la République ou par le Gouvernement selon les dispositions de l'article 94 alinéa 2 du Règlement intérieur.

En matière d'enquête parlementaire, les prérogatives dévolues à l'institution en vertu des articles 93 et 94 concernant respectivement l'exercice du droit de contrôle et la constitution des commissions spéciales des enquêtes, peuvent être exercées par le Bureau du Haut Conseil de la République en dehors des sessions. Le Bureau a, dans ce cas, l'obligation d'en informer la Plénière du Haut Conseil à la session suivante, conformément à l'article 95 alinéa 2 du Règlement.

La commission d'enquête dispose des prérogatives suivantes dans l'exercice de la mission à elle confiée par le Haut Conseil de la République. Il s'agit principalement :

- Le libre accès en tout temps à la documentation nécessaire pour l'accomplissement de sa mission ;
- Le pouvoir de citer devant elle des témoins qui sont obligés de comparaître et de témoigner sous peine de poursuites judiciaires ;
- Le pouvoir de déférer en justice les auteurs des faits répréhensibles constatés lors de l'enquête en saisissant l'autorité compétente. On notera que le pouvoir de saisir l'autorité judiciaire compétente appartient au seul Président de la Commission ou son remplaçant.

Le Règlement intérieur du HCR-PT met à charge des membres de commission d'enquête les obligations suivantes qui découlent de l'application des dispositions des articles 97 et 98 :

- Les travaux d'enquête ne peuvent durer plus de deux mois à moins d'avoir pu obtenir une dérogation du Bureau du Haut Conseil ;
- Déposer sans délai le rapport d'enquête devant le bureau du HCR-PT.

Si le rapport de la Commission qui doit être soumis pour discussion à l'Assemblée plénière en suivant la procédure établie pour les projets et les propositions des lois est approuvée, selon le cas, soit par la plénière soit par le Bureau, est transmis par celui-ci directement au Président et au Gouvernement qui prendront des mesures conséquentes conformes au droit en vigueur.

Il importe de préciser, afin que dans le contexte d'une transition dominée par la bipolarité, les Commissions parlementaires spéciales d'enquête soient à constituer obligatoirement de façon paritaire entre le FPC et l'USOR et alliée. Telle a été la règle suivie et appliquée dans les enquêtes parlementaires sur Forescom et Sizarail.

La motion de censure ou de défiance

La censure est une prérogative essentielle qui consiste, pour le HCR-PT à démettre soit le gouvernement tout entier soit un de ses membres. Une telle mesure grave prise par le Haut Conseil de la République signifie que celui-ci n'a plus confiance soit dans le Gouvernement soit dans les membres qui le constituent. Elle résulte de la mise en cause de la responsabilité du gouvernement ou d'un de ses membres.

La motion de censure ou de défiance est prévue à l'article 92 de l'Acte qui dispose : « le HCR-PT peut mettre en cause la responsabilité du gouvernement par une motion de censure… l'adoption d'une motion de censure par le Haut Conseil de la République-Parlement de Transition entraîne d'office la démission du Gouvernement ».

Comme on le voit, cet article ne prévoit que la possibilité de censurer le Gouvernement dans son ensemble. Cela n'enlève en rien à l'institution parlementaire son droit d'envisager cette mesure à l'endroit d'un membre du gouvernement pris individuellement lorsqu'il aura été régulièrement mis en cause dans le cadre d'une motion de censure ou de défiance examinée et adoptée conformément au droit en vigueur.

Il n'y a qu'à se référer à l'article 103 du règlement intérieur du HCR-PT pour s'en convaincre : « le HCR-PT peut mettre en cause la responsabilité du Gouvernement ou d'un membre du

Gouvernement ou d'un membre du Gouvernement par une motion de censure ou de défiance ».

Nous verrons plus loin au chapitre consacré aux rapports entre le HCR-PT et le Gouvernement les conditions de présentation de la motion, d'adoption de celle-ci ainsi que les conséquences qui en résultent.

Avis conformes et autorisations

Si les participants aux Concertations politiques du Palais du peuple ont jugé bon, des deux côtés, de supprimer le délai buttoir imposé au Président de la République quant aux nominations de hauts cadres civils et militaires en faveur du maintien du principe des concertations permanentes en cette matière, il a été estimé par contre que les avis conformes du HCR-PT dans ce domaine étaient par contre absolument nécessaires.

Les avis conformes limitent en quelque sorte la liberté et le loisir qu'avaient, dans les textes constitutionnels et réglementaires précédents, le Président de la République de nommer n'importe qui, n'importe comment et n'importe quand aux emplois supérieurs dans la territoriale, dans la fonction publique, dans l'armée et même les entreprises publiques. Il s'agit là, à n'en pas douter, d'une nouveauté aussi bien dans la théorie que dans la pratique du droit constitutionnel au Congo-Zaïre depuis notre indépendance en 1960.

Ce principe déjà bien connu aux États-Unis d'Amérique voudrait tout simplement dire que le Gouvernement qui est responsable devant le Haut Conseil de la République-Parlement de Transition des actes posés, a l'obligation à chaque fois qu'il se propose de soumettre au Président de la République un acte de nomination d'un haut cadre dans les emplois civils et militaires, de solliciter un avis conforme c'est-à-dire une autorisation de la Haute Assemblée.

La nomination n'est valable que moyennant cette autorisation. Pour des raisons qui lui sont propres et susceptibles d'être motivées, le Haut Conseil peut refuser d'accorder au gouvernement l'autorisation sollicitée. Dans ce cas la proposition tombe.

La procédure des avis conformes est prévue à l'article 58 alinéa 3 consacré à l'énumération des prérogatives du HCR-PT qui dispose : « émettre des avis conformes prévus dans le présent Acte dans le délai de quinze jours à compter de la date de réception des dossiers. Passé ce délai, l'avis favorable est acquis d'office ». Dans ce cas le Président de la République applique la prérogative essentielle qui lui est reconnue à l'article 47 de l'Acte constitutionnel : « Le Président de la République nomme, relève de leurs fonctions et, le cas échéant, révoque sur proposition du Gouvernement délibéré en Conseil des ministres et après avis conforme du HCR-PT :

- Les Ambassadeurs et les envoyés extraordinaires ;
- Les Gouverneurs et vice-gouverneurs de Région ;
- Les officiers supérieurs et généraux des forces armées et des forces de l'ordre, le conseil supérieur de la défense entendue ;
- Le chef d'État-major général et les commandants des grandes unités des forces armées ;
- Les hauts fonctionnaires de l'administration publique : directeur, secrétaire général ;
- Les mandataires publics dans les entreprises et les organismes publics, excepté les commissaires aux comptes.

Il nomme, relève de leurs fonctions et, le cas échéant, révoque, par ordonnance, les magistrats du siège et du parquet sur proposition du Conseil supérieur de la magistrature et après avis conforme du HCR-PT.

L'avis conforme est également nécessaire dans le cas de déclaration de guerre par le Président de la République tel que prévu à l'article 48 de l'Acte constitutionnel de la Transition. La procédure des avis conformes consacre bel et bien un changement dans l'organisation et l'exercice du pouvoir politique au Congo-Zaïre.

En matière des autorisations autres que les avis conformes, on peut formellement mentionner le cas de la permission que le HCR-PT donne au Gouvernement et à sa demande de prendre des Décrets, et ce, pendant un délai limite, des mesures qui sont normalement du domaine de la loi ; le Gouvernement peut demander et obtenir cette autorisation lorsqu'il en a besoin pour une meilleure exécution de son programme d'action. Les mécanismes de prise de décision en cette matière seront examinés dans la section suivante consacrée à l'organisation et fonctionnement du HCR-PT.

4. Organisation et fonctionnement du HCR-PT

4.1. La tenue des sessions

Le HCR-PT se réunit en deux sessions par an : la première débute le premier lundi d'avril et prend fin le premier lundi de juillet, la deuxième débute le premier lundi d'octobre et prend fin le premier lundi de janvier.

Le Haut Conseil peut être convoqué en session extraordinaire par le Président de la République à la demande du Gouvernement après délibération en conseil des ministres, de son Bureau ou du tiers de ses membres.

Conformément aux dispositions du règlement intérieur du HCR-PT, les sessions ordinaires prennent fin aux dates indiquées ci-dessus même si leurs ordres du jour n'ont pu être épuisés plus tôt. Dans le cas des sessions extraordinaires, l'ordonnance de convocation du Président de la République fixe l'ordre du jour et l'Assemblée n'a le droit ni d'ajouter ni d'en soustraire un point quelconque. La destitution du Gouvernement Kengo avait été décidée au cours d'une session extraordinaire alors qu'elle n'était pas inscrite à son ordre du jour. Il y eut donc violation de l'Acte.

Contrairement aux sessions ordinaires qui se clôturent de plein droit moyennant ou non un discours de clôture prononcé par le Président, les sessions extraordinaires sont, elles, clôturées par une ordonnance du Président de la République dès que leurs ordres du jour sont épuisés.

4.2. Les organes

Les organes du Haut Conseil de la République-Parlement de Transition sont :

- L'Assemblée plénière ;

- Le Bureau ;
- Les Commissions ;
- La Conférence des Présidents ;
- Le Comité des sages.

L'Assemblée plénière

Compétences

L'Assemblée plénière est l'organe suprême du HCR-PT. Elle comprend l'ensemble des Conseillers de la République et est, selon l'article 4 du règlement intérieur « compétente pour délibérer sur toutes les matières relevant des attributions du Haut Conseil de la République notamment :

- La validation des pouvoirs des Conseillers de la République ;
- L'adoption du règlement intérieur ;
- L'entérinement de la désignation des membres du Bureau par leur famille politique respective hormis son Président désigné conformément à l'article 6 du règlement ;
- L'adoption du calendrier des travaux ;
- L'adoption de l'ordre du jour ;
- La création des commissions ;
- L'adoption des rapports des commissaires ;
- Le vote des lois ».

Les séances

Les séances de l'Assemblée plénière du Haut Conseil de la République se tiennent soit publiquement — auquel cas le public y a accès — soit à huis clos, auquel cas le public n'y a pas accès. Lors des réunions de l'Assemblée plénière, les Conseillers de la République sont tenus d'être en tenue de ville. Ils sont rangés selon l'ordre alphabétique. Le Président annonce l'ouverture et proclame la clôture des séances et indique à la fin, la séance suivante dont il annonce le cas échéant le projet de l'ordre du jour conformément à l'article 30 du règlement intérieur.

Les séances du Haut Conseil de la République ne se tiennent qu'à condition de réunir le quorum nécessaire pour ce faire, c'est-à-dire la majorité de ses membres. Si cette majorité n'est pas atteinte, les séances n'ont pas lieu et le Président annonce l'ajournement. Les décisions du Haut Conseil se prennent à la majorité de deux tiers de ses membres.

Lorsqu'une séance n'a pas eu lieu faute de quorum et que le Président ait reporté la séance, les décisions peuvent être prises à la majorité absolue, c'est-à-dire, la moitié plus un à la séance subséquente.

Pour prendre la parole et parler, tout Conseiller de la République a l'obligation de se faire inscrire ; à défaut de l'inscription sur la liste, il ne parle que lorsqu'il a demandé et obtenu la parole accordée et, le cas échéant, retirée par le seul Président. L'orateur parle de la tribune et debout et ne peut s'adresser qu'au Président ou à la seule Plénière.

Conformément aux dispositions de l'article 39 du règlement intérieur, « tout membre du Haut Conseil de la République-Parlement de Transition peut, avant ou au cours d'un débat, demander la parole par motion d'ordre, motion de procédure, motion d'information, motion préjudicielle ou incidentielle. Le même article a pris soin de préciser le sens ou la signification de chacune de ces motions. Il s'agit d'une précaution qui permet d'éviter dans la pratique certaines confusions constatées dans le recours aux motions lors des débats aussi bien en Plénière du Haut Conseil de la République que dans les séances des Commissions permanentes. L'article 40 du règlement intérieur accorde la priorité à la motion sur la question principale dont la discussion est momentanément suspendue.

- « La motion d'ordre est celle qui concerne l'ordre à établir dans la série des questions à discuter, la clôture des débats, un point en discussion, la suspension ou la levée de la séance » ;
- « La motion de procédure concerne un point du règlement intérieur ou la manière dont la réunion est conduite » ;
- « La motion d'information concerne un complément d'information essentielle pour l'orientation du débat » ;
- « La motion préjudicielle est celle qui est soulevée à l'occasion de l'examen d'une matière et dont la solution

relève d'un organe extérieur au haut Conseil de la République » ;

- « La motion incidentielle est celle qui intervient au débat ou au cours des débats et sur laquelle le Haut Conseil de la Transition doit se prononcer avant de commencer ou de poursuivre les débats sur une question principale ».

Lorsqu'un orateur a pris la parole dans le cadre des motions qui viennent d'être précisées, il ne peut être interrompu que par une motion d'ordre. Mais, celui qui intervient dans ce cadre précis ne saurait aborder, selon le dernier alinéa de l'article 39 du règlement, le fond de la matière débattue. Si une motion suscite des débats, le Président de la séance demande à deux intervenants de soutenir la motion et à deux autres de la contredire. Après quoi, le vote doit intervenir.

Toute motion est mise aux voix par le Président. Cette mise aux voix peut intervenir soit immédiatement, soit après sa discussion. Le vote dans ce cas se fait à main levée, debout ou assis.

L'usage des amendements

Le régime de la pratique des amendements est organisé à l'article 41 du règlement intérieur. Celui-ci définit l'amendement comme « une proposition qui ajoute à la proposition initiale, en retranche ou en modifie quelques parties ». L'amendement donne lieu à un vote avant la motion ou la décision qu'il concerne. En pratique les choses suivent la procédure suivante :

- L'amendement est écrit, inscrit, signé et déposé au Bureau du HCR-PT ;
- Dans le cas où une motion ou une décision donne lieu à plusieurs amendements, le Règlement exige que l'Assemblée plénière vote avant tout celui qui, quant au fond, s'éloigne le plus de la proposition initiale. La priorité doit s'établir de cette manière et permettre d'examiner tous les amendements qui ont été déposés. La non-adoption d'un seul de ces amendements proposés ouvre le droit pour l'institution préélémentaire de mettre aux voix la proposition initiale. À tout moment, l'orateur de l'amendement a le droit de la retirer. Ce droit ne s'exerce

que s'il n'existe un sous-amendement en discussion ou si celui-ci n'a déjà été adopté par la Plénière.

La Procédure décisionnelle

Pour toutes questions autres que celles considérées comme d'importance nationale, le vote se fait par appel nominal, à main levée, debout assis ou par scrutin secret. Les décisions sont dans ce cas prises à la majorité absolue des suffrages exprimés.

Les questions d'importance nationale sont celles qui se rapportent à la souveraineté nationale et à l'ordre institutionnel de la transition. La décision du Haut conseil de la République concernant ces questions se prend par consensus. Par définition, le consensus est la méthode de décision sans objectif.

Il faut préciser cependant que pour toutes les questions liées à la stabilité des institutions de la transition, les décisions se prennent aussi par consensus. En cas de recours au vote, c'est-à-dire lorsque, faute de consensus, l'Assemblée est obligée de voter, le quorum de décision est de 3/4 des membres du Haut Conseil de la République- Parlement de transition. Les matières concernées par cette disposition sont la mise en accusation du président de la République, la censure du gouvernement et enfin la modification de l'Acte constitutionnel de la transition.

Comme on voit, si le consensus vise la préservation de la cohésion nationale et l'unité selon l'esprit des accords du Palais du peuple, la majorité qualifiée de ¾ exigée pour l'adoption des décisions relatives au président de la République, au Gouvernement et à l'Acte constitutionnel, de la transition est davantage destinée à sécuriser les institutions en les stabilisant, de manière à ce qu'elles puissent être à même de répondre à l'attente du peuple.

Le Bureau

Le bureau du Haut Conseil de la République-Parlement de transition a pour tâche d'assurer la coordination de l'ensemble de ses activités et de son administration. Ce Bureau comprend un

Président, deux Vice-présidents, deux Deuxièmes Vice-présidents, deux premiers Secrétaires rapporteurs, selon la disposition de l'article 5 du règlement.

La procédure suivie pour la composition du bureau est celle indiquée à l'article 6 du Règlement intérieur. « À l'exception de son Président, désigné par consensus par la classe politique, les autres membres du bureau sont désignés, de façon paritaire, par les deux familles politiques en présence. L'Assemblée plénière du Haut Conseil de la République-Parlement de Transition prend acte ».

Conformément à l'article 8 du règlement, le Président a pour attribution :

- Assurer la direction du HCR-PT ;
- Maintenir l'ordre au sein du HCR-PT ;
- Faire observer le règlement intérieur et toutes les dispositions constitutionnelles et légales concernant le HCR-PT ;
- Convoquer les conseillers de la République aux séances ;
- Présider les séances plénières ;
- Prononcer l'ouverture, la suspension, la reprise et la clôture des séances ;
- Assurer la police des séances ;
- Accorder ou retirer la parole ;
- Poser des questions ;
- Mettre aux voix les questions en discussion ;
- Annoncer les résultats des votes ;
- Convoquer les commissions et les sous-commissions ;
- Gérer le budget du HCR-PT ;
- Veiller à la bonne gestion de l'administration du HCR-PT ;
- Disposer de la police pour le maintien de l'ordre dans l'enceinte du siège du HCR-PT ;
- Faire aux conseillers de la République toute communication les concernant ou concernant le HCR-PT ;
- Présenter au cours de la session budgétaire, en séance plénière, les prévisions budgétaires du HCR-PT ;
- Réunir le bureau du HCR-PT ;
- Exercer une mission générale de représentation vis-à-vis des tiers.

Dans le cadre de l'application du principe de collaboration entre les institutions, le Président du Haut Conseil de la République-Parlement de Transition à, aux termes de l'article 10 du règlement, l'obligation de transmettre au Président de la République, au gouvernement et aux autres institutions de la République, les notes et décisions du HCR-PT et les saisit de tous les problèmes qui se posent pour son bon fonctionnement.

Suivant les dispositions de l'article 11 du Règlement, le Président a le loisir, si telle est sa volonté, de déléguer ses attributions aux autres membres du Bureau dans l'ordre de préséance faite à l'article 5 déjà examiné ci-dessus. Dans l'exercice de ses fonctions, le Président est assisté de quatre Vice-présidents qui le remplacent en cas d'absence selon l'ordre de préséance établi à l'article 5 du Règlement.

Une décision du président du Haut Conseil de la République-parlement de transition fixe les attributions des autres Membres du Bureau. On notera que le Bureau du Haut Conseil de la République fonctionne sur la base du principe de collégialité qui veut que toutes décisions soient examinées au sein du Bureau qui décide en dernier ressort.

Les Commissions

Comme on l'a vu, le Haut Conseil de la République-parlement de transition crée en son sein des commissions. Celles-ci peuvent être permanentes ou spéciales. Chaque conseiller de la République à l'obligation d'appartenir a une commission permanente. L'article 14 du règlement définit les commissions comme étant des « groupes de travail » du Haut Conseil de la République-parlement de transition chargés d'examiner des questions spécifiques relevant de leurs attributions. L'article 15 du Règlement les fixe à huit et les énumère comme suit :

- Commission politique et administrative ;
- Commission juridique ;
- Commission économique et financière ;
- Commission du Portefeuille ;
- Commission socioculturelle
- Commission de Relation extérieure ;
- Commission de la Défense et de la sécurité ;

- Commission du contentieux

Chaque commission peut être subdivisée en sous-commissions spécialisées qui peuvent correspondre à un ou plusieurs ministères du Gouvernement. Toutefois, en cas d'opportunité et de nécessite majeure, le Haut Conseil de la République-Parlement de Transition, sur proposition de son Bureau, peut créer d'examiner et de résoudre des problèmes spécifiques. Le dépôt par une Commission *ad hoc* ou une sous-commission spéciale de son rapport de mission sur le bureau du Haut Conseil de la République-Parlement de transition marque la fin de son existence.

Les commissions permanentes et les commissions *ad hoc* sont dirigées par leurs Bureaux composés d'un Président, d'une Vice-présidente, d'un rapporteur et d'un Rapporteur Adjoint. Les Bureaux des sous-commissions sont composés aux aussi de la même manière. L'article 19 du règlement indique la procédure à suivre dans la composition des Bureaux des Commissions et des sous-commissions, « conformément au principe du partage équitable et équilibré du pouvoir ».

Il est procédé à une répartition égale des Présidents des Commissions. La présidence est assurée par une famille politique, la Vice-présidence revient à l'autre. Il en est ainsi *mutatis mutandis* des autres postes au sein des bureaux des Commissions et Sous-commissions.

Les règles générales régissant le fonctionnement de la Plénière du HCR-PT ainsi que celles relatives au régime disciplinaire sont également celles qui sont d'application dans le cadre du déroulement des travaux des Commissions.

La Conférence des Présidents

La Conférence des Présidents est une réunion regroupant les membres du Bureau du HCR-PT et les membres des bureaux des Commissions permanentes sous la Présidence du Président du Haut Conseil de la République. Elle a pour mission l'organisation et l'établissement du calendrier des travaux des sessions du Haut Conseil. Le calendrier des travaux de la session établi par la conférence des Présidents est soumis par le Président du Haut

Conseil à l'approbation de l'Assemblée plénière qui doit, soit l'approuver, soit le rejeter, soit enfin le modifier par une décision majoritaire.

Le Comité des sages

Il a été institué au sein du Haut Conseil de la République-Parlement de Transition un Comité des sages composé de 44 membres désignés paritairement par les deux familles politiques constitutionnelles en raison de 4 délégués par région. Comme son nom l'indique, le Comité des sages est constitué des membres dont il a été supposé qu'ils aient la sagesse et la probité morale qui leur permettraient de concilier les parties en cause au sujet des litiges susceptibles de surgir et d'opposer soit les Conseillers de la république entre aux soit ceux-ci avec les tiers.

Tant dans sa nature que dans son fonctionnement, le Comité des sages a le caractère d'une commission permanente. De ce fait, bien que pouvant au titre des dispositions de l'article 145 du règlement, faire partie de l'une des commissions permanentes, ses membres ne sauraient être désignés dans les bureaux desdites commissions étant donné qu'ils sont considérés comme ayant une fonction permanente d'arbitre et de conciliation.

III. Le gouvernement de transition

1. Les principes d'orientation

La constitution et le fonctionnement du Gouvernement pendant la période de transition à la troisième République ont leurs bases dans quatre textes différents : le Protocole d'Accord du Palais du Peuple, l'Arrangement particulier relatif à l'exercice du pouvoir, l'Acte constitutionnel de la Transition et enfin l'ordonnance n°49-061 du 18 octobre 1994 portant organisation et fonctionnement du Gouvernement et fixant les modalités pratiques de collaboration et de concertation permanente entre le Président de la République et le Gouvernement. Cette ordonnance sera examinée ultérieurement. Il en est de même de l'Acte.

Dans le cadre de ses dispositions relatives au Gouvernement de Transition contenues dans le chapitre 5 de l'article 12, le

Protocole d'Accord du Palais du peuple dispose : « les deux délégations conviennent que le Gouvernement est pleinement responsable de la gestion de l'État, il répond de sa gestion devant le Haut Conseil de la République-Parlement de Transition, le Premier ministre est le Chef du Gouvernement ».

Dans le titre II, chapitre 1, article 17, du même Protocole d'Accord, « les deux délégations ont convenu que le Gouvernement de Transition sera composé de représentants de toutes les forces politiques et sociales en présence en s'assurant de la représentation de toutes les régions du pays sans exclusive. Ce gouvernement comprendra 35 membres au moins et 46 au plus y compris les Vices Premiers ministres.

Comme on peut bien s'en rendre compte, la non-exclusion est un élément de la non-conflictualité. Celle-ci a été renforcée dans le Protocole d'Accord notamment dans les dispositions de l'article 25 qui la recommande (supra) comme la base même de tout l'édifice, ce qui implique :

- Le respect du caractère général et impersonnel des lois et règlements de la République ;
- Le respect par tous et l'application sans parti pris, des textes légaux et réglementaires et du présent Protocole d'Accord ;
- Le respect des attributions dévolues à chaque institution et à chaque service public de l'État ;
- L'interdiction de détourner les attributions du pouvoir et de la puissance publique vers la réalisation des intérêts partisans, des fins personnelles ou faciliter l'ingérence d'une institution ou d'un service public dans le fonctionnement d'une autre institution ou d'un autre service public ;
- La préservation de la neutralité des institutions et des services publics de l'État, condition essentielle de la non-conflictualité ;
- Le bannissement de l'intolérance et de l'exclusion comme source de conflits, l'élaboration et l'application d'un code d'éthique et de bonne conduite afin d'éviter des attitudes et des comportements générateurs des conflits.

L'arrangement particulier relatif au partage équitable et équilibré du pouvoir pendant la période de transition qui contient des principes d'orientation dans la formation du Gouvernement fut négocié et conclu par les deux familles (FPC conduite par Jean Ngunz-a-Karl-Bond et USOR et alliée sous la direction de Roger Gisenga-a-Gidiata) en présence de Mgr Monsengwo, Président du HCR-PT, le médiateur national issu de la Conférence nationale souveraine en présence de Mr Brahimi. Il comporte trois parties respectivement consacrées aux principes généraux d'orientation, au partage équitable et équilibré du pouvoir ainsi qu'aux rapports du Chef du Gouvernement avec le Chef de l'État et les familles politiques.

Les principes généraux d'orientation sont au nombre de trois [86]:

- La formation du gouvernement de transition doit être porteuse de réconciliation nationale ;
- La réconciliation couvre les axes « classe politique » en général, Mobutu-Tshisekedi en particulier, « Régions du Zaïre » et enfin l'axe « Kasaïens et Katangais » ;
- L'interdiction de résoudre la crise gouvernementale ni contre le FPC, ni contre l'USOR et alliée ni contre Mobutu ni contre Tshisekedi, ni au détriment de l'intérêt supérieur de la Nation ni au détriment de la paix civile en compromettant celle-ci, au Katanga comme dans les autres régions du Zaïre.

S'agissant du partage équitable et équilibré du pouvoir, les délégations en présence conviennent que[87] :

- Le chef du Gouvernement doit appartenir, pendant la période de transition, à la famille politique « USOR et alliés » ;
- Le gouvernement de transition comprendra 4 Vices premiers ministres, 28 ministres et 28 vice-ministres soit au total 46 membres ;

[86] Cf. Arrangement particulier relatif à l'exercice du pouvoir pendant la période de Transition.
[87] Cf. Arrangement particulier relatif à l'exercice du pouvoir pendant la période de Transition.

- La répartition des Ministères, selon les secteurs d'activités, doit se faire sur une base légale ;
- Chaque Vice-premier ministre est en même temps titulaire d'un portefeuille ministériel. Les Vices Premiers ministres forment avec le Premier ministre le Cabinet restreint et peuvent être chargés de la coordination ponctuelle d'un certain nombre de ministères pour une action précise ;
- Le cabinet restreint assiste le Premier ministre dans son rôle de coordination de l'action gouvernementale ;
- Les relations extérieures et la défense nationale sont des domaines de collaboration entre le Premier ministre et le Président de la République ;
- Aucun vice-premier n'appartiendra à la même famille politique que le ministre ;
- L'organisation de la bipolarisation des forces politiques au sein du gouvernement est conçue dans une optique de complémentarité et de non-contrariété.

Dans l'organisation des rapports du Chef du Gouvernement avec le Chef de l'État, nous retiendrons seulement deux faits saillants que voici [88]:

- Le Premier ministre, chef du Gouvernement et le Président de la République, chef de l'État entretiennent des rapports de courtoisie et de respect mutuel. Ils se consulteront et s'informeront mutuellement sur les problèmes du pays, sans préjudice de leurs prérogatives constitutionnelles ;
- Une ordonnance délibérée au Conseil des ministres fixera les règles de fonctionnement du Gouvernement et des modalités pratiques de concertation et d'information entre le chef du Gouvernement et le Chef de l'État d'une part, le Gouvernement et le Président de la République, d'autre part ;
- Les candidats ministres et vice-ministres pour les porte-feuilles des affaires étrangères et la défense nationale

[88] Cf. Acte constitutif de l'Arrangement particulier relatif au partage équitable et équilibré du pouvoir pendant la période de transition, 16 juin 1994. https://mjp.univ-perp.fr/constit/cd1991.htm#4

domaine de collaboration seront choisis en accord entre le Premier ministre et le Président de la République.

Des tractations qui eurent lieu par la suite pour la formation du Gouvernement de transition dans le cadre des Accords du Palais du Peuple et l'Arrangement particulier relatif au partage équitable et équilibré du pouvoir, Monsieur Tshisekedi et l'Aile UDPS radical n'ont eu droit à rien, ayant été court-circuité par l'Union pour la République et la Démocratie (URD) en alliance avec le RFCD de Monsieur Singa Udju. Cette exclusion a fini par exacerber la crise politique dans le pays et, du même coup, paralyser l'action du gouvernement de Monsieur Kengo wa Dondo, élu au HCR-PT à défaut d'être désigné par la classe politique conformément à l'article 78 de l'Acte constitutionnel de la Transition.

2. Les prérogatives du gouvernement

2.1. Domaine de la décision

Conformément aux articles 75 de l'Acte constitutionnel de la Transition et 1er de l'ordonnance du Président de la République n° 94-061 du 18 octobre 1994 précitée, le Gouvernement de Transition « conduit la politique de la Nation. Il exécute des actes de la Conférence nationale souveraine et les lois de la République. Il est pleinement responsable de la gestion de l'Etat et répond de celle-ci devant le Haut Conseil de la République-Parlement de Transition dans les conditions définies par l'Acte. Il dispose de l'administration, de la gendarmerie nationale, de la Garde civile et des services de sécurité civile.

Le gouvernement nomme conformément à l'article 76 de l'Acte constitutionnel de la Transition, les cadres de commandement autres que ceux prévus à l'article 47 du même Acte et cela par Décret du Premier ministre délibéré en Conseil des ministres et contresigné par le ministre compétent.

2.2. Domaine de concertation et d'initiative

Ce domaine concerne principalement des cas de nomination prévus à l'article 47 de l'Acte, d'utilisation des forces combattantes et enfin celui de la collaboration avec le Président de la République en ce qui concerne surtout la diplomatie et la défense.

Dans le cadre de l'article 47 susdit, le gouvernement propose à la nomination ou à la révocation par le Président de la République après la délibération en Conseil des ministres et l'émission des avis conformes par le HCR-PT, les Ambassadeurs et les envoyés extraordinaires, les gouverneurs et vice-gouverneurs de région, les officiers supérieurs et généraux des Forces armées et des Forces de l'ordre, le Chef d'État-major général, les Chefs d'État-major et les commandements des grandes unités des forces armées, les hauts fonctionnaires de l'administration publique dans les entreprises et les organismes publics, excepté les Commissaires aux comptes.

Les initiatives du Gouvernement sont également à signaler dans les cas ci-après :

- Proposer au Président de la République une déclaration de guerre et la proclamation de l'État de siège lorsque la guerre a déjà commencé et cela après l'avis conforme du HCR-PT ;
- Demander au Président de la République la proclamation sans délai de l'état d'urgence lorsqu'un danger menace la République ou lorsque le fonctionnement régulier des institutions de la république ou d'une région est interrompu.

S'agissant de l'utilisation par le gouvernement des forces combattantes prévues à l'article 75 de l'Acte, l'ordonnance n° 94-061 du 18 octobre 1994 réglemente cette matière de la manière suivante dans son article 84 :

> *« Sous réserve des dispositions des autres textes légaux et réglementaires, en cas d'émeute, de rébellion armée ou de trouble grave de l'ordre public sur une quelconque partie du territoire national, et pour autant que les forces de maintien de l'ordre soient dépassées, le gouvernement peut, en accord avec le Président de la République, requérir les forces combattantes aux fins de rétablir l'ordre public »*

« En cas d'urgence, et à charge de justifier sa décision selon le cas auprès de la Région ou du ministre de l'Intérieur, le Commissaire de zone et le gouverneur de région peuvent, en vue du rétablissement de l'ordre public dans leurs juridictions respectives, requérir les troupes campées dans lesdites juridictions ou dans leurs environs immédiats lorsqu'ils constatent que les forces de maintien de l'ordre sont débordées »

La durée de la réquisition ne saurait dépasser le temps nécessaire au rétablissement de l'ordre ainsi troublé (cf. Art. 85). L'autre domaine où le Gouvernement a le droit d'initiative exclusivement de l'article 77 de l'Acte, et celui relatif aux négociations et conclusions des traités et accords internationaux ainsi que des conventions de droit privé. Dans ce domaine, conformément à l'article 110 de l'Acte, le Gouvernement négocie les traités et accords internationaux sous l'autorité du Président de la République. Le Gouvernement a le pouvoir de signer des accords internationaux.

2.3. La structure gouvernementale

Le Gouvernement comprend le Premier ministre, les Vice-premiers ministres, les Ministres et vice-ministres. Il est investi par le Haut Conseil de la République-Parlement de Transition agissant en vertu des dispositions de l'article 78 alinéas 3 de l'Acte constitutionnel de la Transition.

Du Premier ministre

Comme on l'a vu, le Premier ministre, chef du gouvernement est désigné conformément aux dispositions de l'article 78 de l'Acte constitutionnel de la transition et selon les prescrits du Protocole d'Accord (supra). Ses fonctions prennent fin dans les cas prévus par le même Acte à l'article 9 c'est-à-dire la démission, le décès, l'empêchement définitif, le vote de défiance ou l'expiration de la transition.

Les attributions du Premier ministre, chef du gouvernement sont organisées aux articles 6 à 12 de l'ordonnance n°94-061 du 18 octobre 1994 du Président de la République portant organisation et fonctionnement du Gouvernement et fixant les modalités pratiques de collaboration et de concertation permanentes entre le Président de la République et le Gouvernement. D'une manière générale et sans préjudice des attributions lui reconnut par d'autres textes légaux, le Premier ministre est le Chef du Gouvernement de Transition, il dirige l'action du Gouvernement et en assure la cohérence et l'unité. Selon l'esprit de cette disposition contenue dans l'article 6 de l'Ordonnance susdite, le Premier ministre « trace les orientations à suivre par les autres membres du Gouvernement et exerce l'arbitrage entre eux. Il encadre, surveille et coordonne leurs initiatives ». C'est lui, le Premier ministre qui « exerce la fonction générale de représentation du Gouvernement auprès des autres institutions de la République ». En plus de ces attributions d'ordre général, le Premier ministre exerce d'autres prérogatives qui sont :

- S'assurer à tout instant, du bon fonctionnement du secteur public et parapublic ainsi que de la bonne marche de l'économie et des autres secteurs de la vie nationale ;
- Présider le Conseil des ministres et les Comités interministériels conformément aux dispositions des articles 80 de l'Acte constitutionnel de la Transition et 8 de l'Ordonnance sur le Gouvernement précité ;
- Proposer au Président de la République la nomination ou la déchéance des autres membres du Gouvernement ;
- Solliciter l'investiture de son gouvernement après sa formation auprès du Haut Conseil de la République-Parlement de Transition ;
- Assurer l'information des autres membres du Gouvernement sur toutes les questions qui intéressent le fonctionnement des institutions de la République ;
- Fixer par Décret l'organisation interne des Ministères ;
- Exercer le pouvoir réglementaire par voie des Décrets délibérés et approuvés en Conseil des ministres ;
- Assurer l'exécution des lois et veiller à celle des décisions du Gouvernement ;
- Édicter des règlements dans les matières autres que celles qui relèvent de la loi ;
- Fixer l'organisation ainsi que le fonctionnement des services et organismes publics ;

- Exercer le pouvoir de contrôle sur l'ensemble des services de l'État ;
- Donner des instructions et des directives aux membres du gouvernement ;
- Nommer par Décret délibéré et approuvé en Conseil des ministres, des cadres de commandements autres que ceux visés à l'article 47 de l'Acte constitutionnel de la Transition.

Il convient de noter, afin que dans l'exercice de l'ensemble des attributions lui dévolues, tant par la Constitution que par les autres textes et ordonnance sur le Gouvernement, le Premier ministre statue par Décret. En cas d'absence ou d'empêchement, le Premier ministre est remplacé par le Vice-premier ministre qui vient en ordre utile de préséance selon l'ordre établi par l'Acte de nomination des membres du Gouvernement. Le Premier ministre est assisté dans l'exercice de ses fonctions par un Cabinet. Celui-ci est un organe politique d'étude, d'analyse, de suivi, de contrôle et de liaison dont les membres sont nommés par décret. Le Directeur et le Directeur Adjoint de Cabinet ont respectivement rang de ministre et vice-ministre.

Des Vices Premier ministre, des ministres et des vice-ministres

Conformément à l'article 16 de l'Ordonnance du Président de la République susmentionné, « les Vice-Premiers Ministres, les ministres et les vice-ministres sont nommés et le cas échéant, relevés de leurs fonctions par le Président de la République sur proposition du Premier ministre ». Pour ce faire, les intéressés sont présentés, conformément au Protocole d'Accord du Palais du peuple (supra) au Premier ministre par leurs familles constitutionnelles respectives. « Ils sont réputés démissionnaires chaque fois que les fonctions du Premier ministre prennent fin ».

L'Ordonnance susdite règle de la matière ci-après le problème de préséance sur les ministres, ces derniers ont préséance sur les Vices ministres.

Les Vice-premiers ministres sont en même temps titulaires des départements ministériels spécifiques. Ils n'exercent en principe que les attributions dévolues à ces ministères sauf lorsqu'ils sont appelés à assumer l'intérim du Premier ministre ou spécialement mandatés par celui-ci pour mission ou charge quelconque.

Lorsque les Vice-premiers ministres estiment devoir communiquer une directive ou une instruction à un ministre, ils le font en se référant au Premier ministre, Chef du Gouvernement.

Les articles 18, 19 et 20 fixent et précisent les attributions des ministres. Ils sont chargés de diriger les différentes branches d'activités du Gouvernement désignées sous le nom de « ministère » et dont le nombre et les attributions sont fixés par le Président de la République sur proposition du Premier ministre. Ils sont les chefs de leurs ministères et y appliquent le programme fixé et les décisions prises par le Gouvernement. À ce titre :

- Ils représentent leurs ministères dans leurs rapports avec l'extérieur et sont habilités à accomplir, en conformité avec l'Acte constitutionnel de la Transition et l'ordonnance sur le Gouvernement tous les actes concourant aux activités et à la bonne marche de leurs ministères respectifs ;
- Ils sont chargés de préparer et de soumettre aux délibérations du Conseil des ministres des projets de loi, des décrets et d'ordonnance relative aux attributions de leurs ministères respectifs ;
- Ils sont les autorités hiérarchiques, les responsables de la bonne marche de leurs ministères respectifs, à ce titre, ils sont compétents notamment pour diriger l'action des agents de leurs ministères et contresigner les actes du Président de la République et du Premier ministre qui relèvent de leurs attributions. Les ministres statuent par voie d'arrêté et ont un Cabinet dirigé par un Directeur.

Les ministres ont des obligations qui sont précisées aux articles 20 à 22 de l'Ordonnance sur le Gouvernement. Elles peuvent être recensées et énumérées comme suit :

- Élaborer chaque année le programme d'action de leurs ministères respectifs ainsi que les prévisions budgétaires y afférents ;

- Défendre les dossiers de leurs ministères respectifs au Conseil des ministres et devant le Haut Conseil de la République-Parlement de Transition ;
- Se conformer aux lois et règlements régissant les matières qui sont du ressort de leurs ministères respectifs dans l'accomplissement de leurs tâches quotidiennes ;
- Rédiger à l'intention du Premier ministre, Chef du Gouvernement, un rapport mensuel d'activités ;
- Respecter strictement la législation tant financière que budgétaire, ce qui implique que tout projet de loi, d'ordonnance, de décret, d'arrêté ou de convention, toute décision quelconque pouvant avoir une répercussion budgétaire immédiate ou future ainsi que tout acte portant création ou exécution d'emploi, portant modification du statut pécuniaire des agents sont à soumettre avant tout à l'avis préalable des ministères des Finances et du Budget ainsi que du Premier ministre ;
- Mettre leurs vice-ministres au courant de la gestion des affaires de leurs ministères respectifs ainsi que des décisions intervenues au niveau du Conseil des ministres ;
- Prendre toutes dispositions nécessaires pour associer effectivement leurs vice-ministres à la gestion de leurs ministères[89].

Conformément à l'article 25 de l'ordonnance sur le Gouvernement, le Premier ministre, agissant selon les stipulations du Protocole d'Accord du Palais du peuple, de l'Arrangement particulier relatif à l'exercice du pouvoir pendant la période de la transition ainsi que celle de l'Acte constitutionnel de la Transition, peut proposer au Président de la République d'adjoindre à un ministre, un vice-ministre. Celui-ci assiste le ministre dans l'accomplissement de ses différentes tâches et le remplace en cas d'absence.

---

[89] Ceci est d'autant plus nécessaire que les vice-ministres appartiennent normalement à des familles politiques constitutionnelles autres que celles du ministre.

2.4. Des obligations communes à tous les membres du Gouvernement

Il s'agit des obligations de caractère général inscrites à l'article 29 de l'Ordonnance du Président de la République sur le Gouvernement. Elles sont au nombre de quatre :

- Être tenus à la solidarité gouvernementale ;
- Ne communiquer avec le Président de la République et avec le Haut Conseil de la République-Parlement de Transition que sous couvert du Premier ministre ;
- Faire sur l'honneur, dès leur entrée en fonction et à l'expiration de celle-ci, une déclaration écrite de tous les biens. Cette déclaration est adressée au Haut Conseil de la République-Parlement de Transition ;
- Ne pouvoir, par eux-mêmes ni par personne interposée, rien acheter ou louer qui appartienne au domaine de l'État.

2.5. Le Conseil des ministres

Il y a Conseil des ministres lorsque le Premier ministre, les vice-premiers ministres, les ministres et le cas échéant les vice-ministres sont réunis pour délibérer et arrêter des décisions se rapportant aux affaires de l'État.

Nous verrons dans ce paragraphe quelles sont les missions du Conseil des ministres, ses délibérations ainsi que les Comités interministériels fonctionnant en son sein.

Les missions générales

L'article 44 de l'Ordonnance sur le Gouvernement précise aussi bien sa nature que sa place dans l'organisation interne du Gouvernement. Le Conseil des ministres est l'instance de concertation et de décision du Gouvernement.

Le Conseil des ministres a compétence, selon l'alinéa 2 de l'article susmentionné, pour délibérer sur toutes les questions relevant du Gouvernement. Ces questions sont :

- La conduite de la politique de la nation ;
- L'exécution des actes de la Conférence nationale souveraine et des lois de la République ;
- La proclamation de l'État de siège ou du Gouvernement ;

- La déclaration de la guerre ;
- Les nominations des Hauts Fonctionnaires civils et militaires ainsi que les cadres de l'administration publique prévues aux articles 47 et 76 de l'Acte constitutionnel de la Transition ;
- Les projets des lois ainsi que des ordonnances et décrets, sujets à délibération en conseil des ministres ;
- Les projets des traités ou d'accords internationaux intéressant la Nation et de conventions de droit privé dont l'importance requiert l'autorisation du Conseil des ministres ;
- La création, l'organisation et le fonctionnement des services, organismes et entreprises publics ;
- Les actes qui intéressent les rapports entre les pouvoirs publics ;
- Les décisions ou mesures qui par leur nature ou leurs répercussions possibles peuvent entraîner des décisions de politique générale et mettre en cause la responsabilité collective du gouvernement ;
- Les arrêtés, les décisions ou tous autres actes qui ne sont pas du ressort d'un seul ministère ou qui, par leur nature ou leur importance, requièrent une délibération commune de tous les membres du Conseil ;
- Les affaires de haute administration ;
- Les demandes d'habilitation prévue à l'article 89 de l'Acte constitutionnel de la Transition tendant à réhabiliter le Gouvernement par le Haut Conseil de la République-Parlement de Transition du pouvoir de prendre des décrets, pendant un délai limité des mesures qui sont normalement du domaine de la loi.

Les délibérations du Conseil

Le Conseil des ministres est convoqué par le Premier ministre en réunion ordinaire chaque vendredi de la semaine. Le Premier ministre en est le Président et fixe son ordre du jour. Le Conseil des ministres peut être aussi convoqué à tout moment en réunion extraordinaire lorsque les circonstances l'exigent.

Les réunions ont lieu à Kinshasa, capitale du Zaïre et siège des institutions de la République. Il peut être aussi convoqué en une autre ville de la République à titre tout à fait exceptionnel. Les décisions du Conseil des ministres lient tous les membres du Gouvernement.

La participation des vice-ministres aux réunions du Conseil est possible dans trois situations. Premièrement, en cas d'empêchement du ministre titulaire, deuxièmement lorsque c'est la troisième réunion hebdomadaire du mois et enfin dans le cas où le Premier ministre a convoqué une réunion du Conseil élargie aux vice-ministres selon l'importance prise par la question à traiter.

Le porte-parole du gouvernement est désigné par le Premier ministre parmi les Ministres.

Participent également aux réunions du Conseil des ministres sans voix délibératives, le Secrétaire général du gouvernement et son Adjoint qui sont tenus, tout comme tous les membres du gouvernement au secret des délibérations. Les délibérations du Conseil des ministres sont consignées dans un compte-rendu signé par le Premier ministre ou son délégué et le Secrétaire général du Gouvernement.

Les Comités interministériels et Cabinets restreints

On entend par Comités interministériels des structures de travail du Conseil des ministres créées en vue de préparer les décisions de celui-ci ou d'en assurer le suivi et d'étudier certaines questions particulières. Ces comités sont créés par le Conseil des ministres et sont présidés par le Premier ministre ou son délégué. Le Conseil des ministres détermine leur dénomination, leur objet et leur composition.

Il y a lieu de mentionner le cas du Cabinet restreint prévu à l'article 58 de l'Ordonnance sous examen. Sur décision du Conseil des ministres, le Cabinet restreint comprend le Premier ministre et les Vice-premiers ministres. Il a pour objet, la solution d'une question spécifique lui confiée par le Conseil des ministres. Les décisions du Cabinet restreint (celui-ci fonctionne sous la présidence du Premier ministre) n'engagent l'ensemble du Gouvernement qu'après leur approbation par celui-ci selon les procédures décisionnelles en vigueur.

Le Secrétariat du Gouvernement

L'article 71 de l'ordonnance sous examen définit les fonctions du Secrétariat général du Gouvernement comme une structure permanente d'administration et d'appui logistique, chargée de l'organisation du travail gouvernemental. Il est une pièce maîtresse du dispositif d'élaboration de la prise de décision afin de conduire l'action gouvernementale à son maximum d'efficacité.

En plus de l'organisation du travail gouvernemental, le Secrétariat général du gouvernement assure le respect des procédures, le Conseil juridique du Gouvernement, la supervision des services du Premier ministre et il intervient à toutes les étapes de l'élaboration des décisions du Gouvernement. À ce titre :

- Il assure le secrétariat du Conseil des ministres en intervenant pour préparer l'ordre du jour et les dossiers des questions qui y sont inscrites et enfin pour relever les décisions prises.
- Il convoque les réunions interministérielles, établit un compte-rendu qu'il conserve et diffuse. À ce titre, le SGG se comporte comme le « greffier de la République ».

Le Secrétariat général a pour tâche d'assister le Premier ministre dans l'organisation du travail gouvernemental et le déroulement des procédures législatives et réglementaires. Le Secrétaire général et le Secrétaire général adjoint qui ont rang de ministre et de vice-ministre, sont nommés et relevés, le cas échéant, de leurs fonctions par le Président de la République sur proposition du Gouvernement délibéré en Conseil des ministres (supra).

Tandis que les autres membres du Secrétariat général le sont par décret du Premier ministre. Aux termes de l'article 72, la composition, l'organisation et le fonctionnement du Secrétariat général du Gouvernement sont fixés par une Ordonnance du Président de la République délibérée en Conseil des ministres.

IV. Les cours et tribunaux : la compétence

Conformément aux articles 96, 97, 98 et 99, de l'Acte constitutionnel de la Transition, les Cours et tribunaux et le Conseil de guerre qui forment ensemble le pouvoir judiciaire ne peuvent être institués que par la loi. Il ne peut être créé des cours ni des tribunaux d'exception, sous quelques dénominations que ce soit. La nature, la compétence, l'organisation, le fonctionnement et les sièges des Cours et tribunaux et Conseils de guerre ainsi que la procédure à suivre sont fixés par la loi.

La mission de dire le droit est dévolue aux Cours et tribunaux et Conseils de guerre. Le Magistrat dans l'exercice de cette mission est indépendant. Il n'est soumis, dans l'exercice de ses fonctions qu'à l'autorité de la loi.

Les Cours, tribunaux et Conseil de guerre appliquent la loi et la coutume autant que celle-ci soit conforme à l'ordre public et aux bonnes mœurs. Ils n'appliquent les actes réglementaires que pour autant qu'ils soient conformes aux lois. La justice est rendue sur le territoire de la République au nom du peuple. Les arrêts, jugements et ordonnances des cours, tribunaux et Conseils de guerre sont exécutés au nom du Président de la République. Tels sont les principes constitutionnels fondamentaux qui régissent l'organisation et le fonctionnement du pouvoir judiciaire au Congo-Zaïre.

1. Le contrôle juridictionnel des Cours et tribunaux

Nous entendons par contrôle juridictionnel un type de contrôle spécifique qui n'est ni politique ni parlementaire, donc celui qui est exercé par les Cours et tribunaux sur les actes posés par les autorités de la République soit a priori soit a posteriori en vue de s'assurer que les actes en question sont oui ou non conformes soit à la Constitution, soit à la loi enfin aux actes réglementaires. La base constitutionnelle d'un tel pouvoir se trouve formulée dans l'article 102 de l'Acte constitutionnel de la Transition :

> *« Sans préjudice des autres compétences qui lui sont reconnues par le présent Acte ou par les lois, la Cour Suprême de Justice connaît des recours d'appréciation de la constitutionnalité des lois et des actes ayant force de loi ainsi que des recours en interprétation du*

présent Acte, des pourvoirs en cassation formés contre les décisions rendues en dernier ressort par les Cours et tribunaux et des recours en annulation des actes et décisions des autorités centrales de la République ainsi que des contestations nées des élections et du référendum ».

« ... elle donne des avis consultatifs sur les projets ou propositions de loi ou d'actes réglementaires ».

Voilà ce qui constitue la matière examinée dans cette section.

Le contrôle juridictionnel des actes des organes de l'État est assuré par la Cour Suprême de Justice en application de l'article 102 de la Constitution. Il concerne principalement les actes législatifs et réglementaires pris ou déposés par les autorités centrales de l'État et se réalise soit à priori soit a posteriori.

1.1. Le contrôle a priori

Le contrôle a priori est destiné à assurer que l'acte qui va être pris par telle autorité ou tel organe de l'État sera conforme à la constitution et aux lois en vigueur. Ainsi en vertu de l'alinéa 4 de l'article 102 de la Constitution, il est reconnu à la Cour Suprême de Justice de donner des avis consultatifs sur les projets ou propositions de lois ou actes réglementaires ou, encore de recevoir des recours en interprétation de la Constitution (alinéa 1er du même article). C'est donc par des avis consultatifs et l'interprétation des textes légaux que la Cour assure le contrôle a priori.

1.2. Le contrôle a posteriori

Il s'agit d'un contrôle destiné à s'assurer que l'acte déjà posé par telle autorité ou tel organe est conforme à la constitution et aux lois en vigueur. C'est un contrôle contentieux qui s'effectue sur base des recours suivants :

- le recours en appréciation de la constitutionnalité des lois et actes ayant force de loi et des traités et accords internationaux ;
- le recours en annulation des actes et décisions des autorités centrales de la république ainsi que des contestations électorales.

Deux conséquences majeures sont attachées à ces deux types de contrôle. Premièrement, dans le cas du contrôle consultatif, l'acte à poser doit respecter l'avis donné par la Cour, deuxièmement en matière de contrôle contentieux, tout acte ou partie d'acte jugé non conforme à la constitution ou aux lois en vigueur sont annulés de plein droit et ne peuvent produire aucun effet juridique. En matière de conclusion des traités et accords internationaux, la constatation par la Cour, à la demande du Président de la République ou du Président du HCR-PT. Selon le cas, qu'un traité ou accord international comporte une clause contraire à la Constitution, impliquera que la ratification dudit traité ou accord n'intervienne qu'après révision de la Constitution.

2. Mise en œuvre des moyens de contrôle

2.1. Le contrôle a posteriori

La procédure à suivre pour la mise en œuvre des moyens (recours) de contrôle a posteriori est organisée aux articles 131, 132 et 133 de l'ordonnance- loi n° 82-017 du 31 mars relative à la procédure devant la Cour Suprême de Justice de la manière suivante :

Premièrement, en ce qui concerne les recours en appréciation de la constitutionnalité, la Cour Suprême de Justice est saisie (toutes sections réunies) du recours par requête du Procureur général de la République agissant soit d'office soit à la demande :

- du Président de la République pour les lois et règlements intérieurs du HCR-PT ;
- du Bureau du HCR-PT pour les actes du Président de la République, ayant valeur de loi ;
- des juridictions de jugement, lorsqu'une exception d'inconstitutionnalité est soulevée devant elles pour les actes du Président de la République ayant valeur de loi.

Deuxièmement, en ce qui concerne le recours en annulation. Il faut noter, de prime à bord, qu'aux termes de l'article 87 de l'Ordonnance-loi susmentionné, la Cour Suprême de Justice :

- apprécie souverainement les actes du Conseil Exécutif qui échappent à son contrôle : cela veut dire que la Cour ne contrôle pas tous les actes de l'exécutif ;
- ne contrôle pas les actes législatifs : lois et Ordonnance-lois.

Moyennant ces deux précisions importantes, notons que le recours en annulation porte, comme il a été dit, sur les actes, décisions et règlement des autorités centrales de la République. Les requêtes en annulation sont introduites par les particuliers justifiant que l'acte, la décision ou le règlement concernés leur cause un préjudice. Pour que l'acte soit annulé, il faut prouver :

- qu'il a été pris en violation des formes soit substantielles soit prescrites à peine de nullité ;
- que l'autorité qui l'a pris a commis un excès de pouvoir ou que cette autorité a commis un détournement de pouvoir.

C'est à la section administrative de la Cour qu'il appartient de statuer.

Troisièmement, exception d'inconstitutionnalité dans le cadre du recours en appréciation de la constitutionnalité.

L'exception de constitutionnalité d'une loi ou d'un acte du Président de la République ayant valeur de loi est soulevée devant les juridictions soit par les parties soit par le Ministère public. La procédure à suivre dans ce cas est la suivante (art. 133 de l'Ord-loi n° 82/017 pars 1982 précitées) :

- la juridiction saisie statue par jugement sur le rejet ou la prise en considération de l'exception ;
- si l'exception est retenue, la juridiction sursoit à statuer sur les demandes pendantes. Toutefois, elle peut continuer la poursuite de toute procédure d'instruction de la cause et prendre les mesures conservatoires nécessaires ;
- Elle communique sa décision au Procureur général de la République qui saisira à son tour la Cour Suprême de Justice de l'appréciation de la constitutionnalité postulée.

L'article susmentionné reconnaît également la compétence à la juridiction saisie, par un jugement avant dire droit, au cours d'un procès, de postuler une appréciation de constitutionnalité sur toute disposition légale dont elle est appelée à contrôler l'application.

Les conséquences de l'inconstitutionnalité des lois et actes du Président de la République ayant force de loi sont déterminées par l'art. 134 de l'Ordonnance-loi précitée : « Tout acte déclaré non conforme à la Constitution est abrogé de plein droit. L'inconstitutionnalité d'une ou de plusieurs dispositions d'un acte n'entraîne pas nécessairement l'abrogation de tout l'acte. La Cour détermine souverainement l'étendue de l'abrogation ».

2.2. Le contrôle a priori

Le contrôle a priori s'effectue dans le cadre du recours en interprétation de la constitution. Il démarre par requête du Procureur général de la République soit à la demande du Président de la République soit à celle du Bureau du HCR-PT. Dans ce cas, l'action est préalable à une décision (projets et propositions de lois par exemple) qu'elle tend à éclairer.

Dans le même sens, toute juridiction de jugement peut aussi, lorsqu'une disposition quelconque de l'acte à appliquer dans un litige dont elle saisit est obscure, demander au Procureur général de la République de saisir la Cour afin d'obtenir l'interprétation de la Constitution en rapport avec la disposition jugée obscure et indiquer clairement le sens à donner et à retenir dans l'administration de la justice.

CHAPITRE 7

La transition imposée. L.D. Kabila et la dictature de transition

INTRODUCTION

Dans un article à la fois suggestif et méticuleux intitulé « *An intransitif transition*[90] », Gauthier de Villers et Jean Omasombo Tshonda décrivent l'accession au pouvoir de Laurent Désiré Kabila en mai 1997 comme un fait accidentel de l'histoire (*An Accident of History*) et soutiennent qu'elle est le fruit d'un exceptionnel concours de circonstances, de la conjonction de facteurs internes et externes, plutôt que l'aboutissement d'un processus de changement sociopolitique. Les deux auteurs indiquent donc une série de facteurs internes et externes qui ont conduit à la victoire de Kabila et de l'AFDL. Pour Reyntjens, l'avènement de l'AFDL ne peut être considéré isolément. Il se situe dans le contexte plus large de trois conflits, qui — bien que non reliés intrinsèquement — avaient eu tendance à fusionner depuis quelques années : le conflit des Grands Lacs, qui a été le plus visible immédiatement, et les guerres civiles soudanaise et angolaise. Pour cet expert en géopolitique des Grands Lacs, « la proximité géographique de ces foyers d'instabilité et le jeu des alliances objectives (dans lequel tous les acteurs raisonnent en termes de "l'ennemi de mon ennemi est mon ami"), ont imbriqué

---

[90] De Villers, G. et Omasombo Tshonda, J. (2002) An intransitive transition, *Review of African Political Economy*, 29:93-94, pp. 399-410, DOI: 10.1080/03056240208704629.

ces conflits les uns dans les autres, ouvrant ainsi la perspective de l'émergence d'une zone de guerre s'étendant de Luanda jusqu'à Asmara. Le Zaïre, tel qu'il était alors, faisait la jonction entre ces zones pour deux raisons. D'abord, l'État zaïrois avait virtuellement disparu, laissant ainsi un "trou béant" avec des frontières perméables, pratiquement sans armée ni administration nationale, des communications très faibles entre le centre et la périphérie et entre les périphéries, une économie essentiellement informatisée. Ensuite, le régime Mobutu était impliqué dans les guerres des voisins[91]. »

Ces affirmations de Reyntjens résument très clairement l'essentiel des facteurs externes qui ont cristallisé la victoire éclair des forces de l'AFDL sur le régime de Mobutu. Il s'agit en premier lieu de l'alliance opportuniste entre le Rwanda, l'Ouganda et l'Angola, puisque le Mobutu avait été impliqué à des degrés divers dans le soutien aux guerres civiles dans ces pays trois pays : « il soutenait le gouvernement de Khartoum dans sa guerre contre la rébellion sud-soudanaise, qui était à son tour appuyée par les États-Unis, l'Ouganda, l'Éthiopie et l'Érythrée ; le territoire zaïrois servait comme base arrière aux attaques de mouvements armés contre l'Ouganda, le Rwanda et le Burundi ; et le soutien offert par Mobutu au mouvement rebelle angolais UNITA n'avait pas cessé avec l'accord de paix de 1994 de Lusaka[92] ». Ensuite, les ambitions géopolitiques des dirigeants régionaux, car Kagame, Museveni, Dos Santos et Mugabe étaient tous en compétition pour une part dans un Zaïre démembré.

Parmi les facteurs internes qui ont contribué à la victoire des forces de l'AFDL, on peut citer les suivants :

- La décomposition du système mobutiste et en particulier des forces armées, situation aggravée par le cancer qui a causé la mort de Mobutu le 7 septembre 1997
- Le blocage du processus de « transition démocratique » et le discrédit des élites politiques qui en résulte ;

[91] Reyntjens, F. "The second Congo war: more than a remake", *African affairs*, 98:391(1999), pp. 241-250, p. 241.
[92] Idem.

- La mobilisation politique selon des critères ethniques et régionaux qui ont entraîné, pour la plupart de manière significative, la révolte des Banyamulenge qui était un « cheval de Troie » pour l'invasion par le Rwanda et l'Ouganda.

Pour sa part, le professeur Djoli Eseng'Ekeli, abonde dans le même sens que Reyntjens pour décrire les facteurs ayant cristallisé la victoire- éclair des forces de l'Alliance des Forces démocratiques pour la Libération du Congo (A.F.D.L). Il pointe d'abord la longue bipolarisation violente entre la famille politique du Chef de l'État et l'Union sacrée de l'opposition radicale qui va déstructurer l'État et accentuer sa déliquescence. Ensuite le marasme économique avec une inflation qui dépassait 7000%, qui va laminer socialement une population paupérisée et clochardisée par trente années de dictature. Enfin, l'émergence des zones anaétatiques, de sécession monétaire comme au Kasaï, de résurgence des conflits ethniques. C'est sur ce fond qu'en octobre 1996, sous la couverture d'une révolte des banyamulenge, un groupe ethnique tutsi, mais en réalité une coalition d'armées du Rwanda, de l'Ouganda, du Burundi et de l'Angola que s'enclenche une guerre dite de libération conduite par l'A.F.D.L[93].

Ainsi, à l'aube du 17 mai 1997, le « Grand Conseil » de l'Alliance des Forces démocratiques pour la Libération du Congo (A.F.D.L. ; en sigle) déclarait qu'il « avait pris le pouvoir sous la direction de son président, Laurent Désiré Kabila ». La « déclaration de prise de pouvoir[94] », prononcée depuis la ville de Lubumbashi, se référant à la charte de l'A.F.D. L, qualifiée d'autorité statutaire, marquait la fin de l'ère Mobutu. Outre la nomination du président de l'A.F.D.L au poste de chef de l'État, le nouveau régime annonçait déjà les changements majeurs : en plus de l'abandon de l'appellation « Zaïre » et le retour au nom

---

[93] Djoli Eseng'Ekeli, J. (2013). *Droit constitutionnel. L'expérience congolaise (RDC)*, Paris : L'Harmattan, p. 163.

[94] Alliance des Forces démocratiques pour la Libération du Congo (A.F.D.L.) « Déclaration de Prise de Pouvoir », Lubumbashi, 17 mai 1997, Agences de presse.

donné à la République sous la Constitution de Luluabourg, « République Démocratique du Congo », d'autres décisions élaguées dans cette « Déclaration de prise de pouvoir » étaient lourdes des conséquences politiques et juridiques : d'une part, ayant pris le pouvoir d'État, l'AFDL assumait désormais l'autorité de transition et d'autre part, tous les actes constitutionnels existants ainsi que les Institutions qu'ils organisaient étaient suspendus. Plus clairement, l'Acte constitutionnel de transition était révoqué, le Haut Conseil de la République - Parlement de Transition (HCR-PT) et le gouvernement de transition étaient déclarés dissouts. Au passage, le Déclaration annonçait « la convocation avant soixante jours d'une assemblée constituante, chargée de rédiger une constitution provisoire permettant de gérer la période de transition » ainsi que la constitution d'un « gouvernement de transition de salut public dans un délai de 72 heures ».

Cette déclaration eut force de Constitution du 17 mai jusqu'au 28 mai, date de l'entrée en vigueur d'un nouveau régime constitutionnel sous la coupe du Décret-loi constitutionnel n° 003 du 27 mai 1997 relatif à l'organisation et à l'exercice du pouvoir en République Démocratique du Congo[95]. Cette Constitution, dite « *one page constitution* », qui ne comportait que 18 articles, n'a laissé l'initiative politique qu'à l'AFDL qu'elle a par ailleurs érigée en unique source du pouvoir. À ce propos, les analyses de Lutundula Apala Pen'Apala de la « légitimation de la transition et de la nouvelle République démocratique du Congo » fustigent que :

> *« Au plan juridique cette déclaration a créé un vide total qui pouvait s'avérer dangereux dans la conduite du pays, car, en suspendant tous les textes constitutionnels, elle transformait le Congo en État de fait. En outre, privés de matrice constitutionnelle, les lois et règlements en vigueur tant au pénal qu'au civil étaient, sinon abrogés, à tout le moins suspendus. L'action du pouvoir judiciaire ne pouvait, en conséquence, que s'arrêter. On s'est demandé à bon droit sur quelle base et par quel acte le nouveau Président de la République allait former le gouvernement ! L'acuité de la question est devenue d'autant plus évidente que les premiers membres du*

---

[95] J.O, Spécial, mai 1997

gouvernement ont été nommés par un acte législatif ; en l'espèce un décret-loi, et sur pied des statuts de l'AFDL fait privé, qui, normalement, ne peut engager tous les citoyens[96] ».

Tout compte fait, l'épopée de L.D. Kabila et de son Alliance des Forces démocratiques pour la Libération du Congo (AFDL) marque dans l'histoire constitutionnelle de la R. D. Congo une étape aussi sombre que celle du mobutisme quant à l'avancée des acquis de la démocratie et des libertés publiques des citoyens.

D'ailleurs, du fait de l'interdiction des partis politiques, de répressions parfois brutales de toute opposition ouverte, certains observateurs et acteurs de la vie politique congolaise ont pu d'emblée avancer que le nouveau pouvoir n'était guère différent du mobutisme qui l'avait précédé et qu'une nouvelle dictature de transition se mettait en place.

Ce qui frappe d'emblée dans la configuration du pouvoir de l'AFDL, ce sont les allures « dictatoriales » et un style de gouvernance autocratique. Dans les faits, il ne sera donc pas question de « démocratie »[97]. L'échéancier électoral proposé par L.D Kabila, qui s'étendait sur deux ans, la promesse de rédaction d'une nouvelle constitution et son approbation par un référendum populaire ainsi que le discours politique officiel invoquant la démocratie et les droits de l'homme n'étaient qu'un leurre.

Pour combler le vide constitutionnel créé par la « Déclaration de prise de pouvoir », le régime de L.D Kabila promulgua le Décret-loi constitutionnel n° 003 du 27 mai 1997 relatif à l'organisation et à l'exercice du pouvoir en République Démocratique du Congo. Destiné à rester en vigueur jusqu'à l'adoption de la « Constitution de transition », ce nouveau texte constitutionnel, très lacunaire octroyait l'essentiel du pouvoir politique au Président de la République. Il abrogeait tout naturellement toutes les dispositions constitutionnelles antérieures[98].

---

[96] Lutundula Apala Pen'Apala, C. « Analyse de la légitimation de la transition et de la nouvelle République Démocratique du Congo », *AfrikaFocus*, Vol. 13, Nr. 1-4, 1997, pp. 9-30.

[97] Lumuna Sando, K (1998). *Pouvoir et Libertés : la transition au Congo-Zaïre*, Kinshasa : Éditions Secco.

[98] Paradoxalement l'article 14 dudit texte réactivait toutes les autres dispositions constitutionnelles de l'Acte constitutionnel de la transition qui n'étaient pas contraires.

« Comme tous les textes constitutionnels de crise, le décret-loi constitutionnel n°003 du 27 mai 1997 demeure irrégulier et ne peut trouver des justifications théoriques que dans la théorie du gouvernement de fait. Il avait donc valeur constitutionnelle du point de vue matériel et a régi le pays avec quatre modifications qu'il a connues[99] ».

I. Le régime constitutionnel des « pleins pouvoirs » : le décret-loi constitutionnel n° 003 du 27 mai 1997 relatif à l'organisation et à l'exercice du pouvoir en République Démocratique du Congo

Le décret-loi constitutionnel n° 003 du 27 mai 1997 relatif à l'organisation et à l'exercice du pouvoir en République Démocratique du Congo avait, tout naturellement un caractère provisoire, car conformément au chapitre premier, intitulé « dispositions générales » qui fixait le calendrier d'application, il avait vocation à rester en vigueur jusqu'à l'adoption par l'Assemblée constituante d'une Constitution de transition.

Une analyse minutieuse de ce texte révèle un vide intolérable quant à réaffirmer le respect des droits de l'homme, ce qui peut en dire plus sur la vocation « démocratique » de ce nouveau régime. En effet, contrairement à l'ancienne Constitution, il ne fournit aucun détail quant aux droits spécifiques à garantir. De

---

[99] Kaluba Dibwa, D. (2010), *Du contentieux constitutionnel en RDC. Contribution à l'étude des fondements et des modalités d'exercice de la justice constitutionnelle*, Université de Kinshasa, Thèse de doctorat en droit.
Les modifications apportées au Décret — Loi 003 du 27 mai 1997 procèdent de :
- Le décret-loi constitutionnel n° 074 du 25 mai 1998 modifiait le Décret-loi constitutionnel n° 003 du 27 mai 1997.
- Le décret-loi constitutionnel n° 122 du 21 septembre 1998 portant modification du Décret-loi n° 003 du 27 mai 1997 relatif à l'organisation et à l'exercice du pouvoir en République démocratique du Congo (JORDC, 39e année, n° 19, 1 octobre 1998, p. 6).
- Le décret-loi constitutionnel n° 180 du 10 janvier 1999 modifiant et complétant le Décret-loi constitutionnel n° 003 du 27 mai 1997 relatif à l'organisation et à l'exercice du pouvoir en République démocratique du Congo (JORDC, numéro spécial, février 1999, pp. 6-7).
- Le décret-loi constitutionnel n° 096/2000 du 1er juillet 2000 (JORDC, n° spécial, 1er juillet 2000, pp. 3-14).

l'intégralité de ce texte, seul un article, contenu dans les « dispositions générales » fait référence à la garantie des droits humains en stipulant qu' « en République Démocratique du Congo, l'exercice des droits individuels et collectifs est garanti, sous couvert du respect de la loi, de l'ordre public et des bonnes mœurs. »

Le chapitre deux du décret-loi constitutionnel n° 003 du 27 mai 1997 relatif à l'organisation et à l'exercice du pouvoir en République Démocratique du Congo définit les institutions de l'État. L'article 3 dudit Décret-loi retient 3 institutions : le Président de la République, le Gouvernement et les Cours et Tribunaux. Les pouvoirs respectifs correspondant à chacune de ces institutions retenues sont télégraphiquement présentés dans trois sections séparées.

Le décret-loi accorde au Président des pouvoirs considérables dans les domaines législatif et exécutif, et l'investit également d'un rôle clé dans le domaine judiciaire, au point qu'il aisé d'affirmer qu'il s'agissait d'un régime des « pleins pouvoirs » à l'instar du régime mis en place par le général Mobutu qui s'étendait de 1965 à la constitution du 24 juin 1967, dite constitution de la N'sele. Au plan pratique, ce régime de « pleins pouvoirs » permet d'édicter des Décrets-lois dans tous les secteurs de la vie nationale. Tout comme Mobutu dans ses premières années au pouvoir, L.D Kabila est « le Maître incontesté du pays ». Il organise le pouvoir sans laisser de place à un compromis ou un marchandage politique.

Ce texte constitutionnel qui contient 18 articles au total consacre 10 articles (l'entièreté du chapitre II organisant les institutions de l'État) à décliner les prérogatives constitutionnelles du président de la République.

En vertu de l'article 5 de ce texte constitutionnel, le président de la République est l'autorité législative de l'État, car il exerce le pouvoir législatif par décrets-lois délibérés en Conseil des ministres. Il est aussi le Chef de l'Exécutif et des Forces armées. Il exerce le pouvoir réglementaire par décrets. Il a le droit de battre monnaie et d'émettre du papier monnaie en exécution de la loi.

L'Article 6 permet le président de la République à nommer et destituer les membres du Gouvernement. Le Président de la

République nomme et relève de leurs fonctions et le cas échéant, révoque sur proposition du gouvernement :

- Les ambassadeurs et les envoyés extraordinaires auprès des puissances étrangères et des organisations internationales.
- Les Officiers supérieurs et généraux de l'armée ;
- Les cadres de commandement de l'administration publique ;
- Les mandataires actifs et non actifs dans les entreprises et organismes publics ;

Les ambassadeurs et les envoyés étrangers sont accrédités auprès du Président de la République. Celui-ci garde également la mainmise sur la justice en nommant ou en destituant les magistrats du siège et du parquet, sur proposition du Conseil supérieur de la magistrature. Cette prérogative entre en collision frontale avec les prescrits de l'article 11 (Section III : Des Cours et Tribunaux) énonçant que « L'ensemble des Cours et tribunaux forment le pouvoir judiciaire. Le pouvoir judiciaire est indépendant du pouvoir législatif et du pouvoir exécutif. »

Sur le plan du pouvoir exécutif, l'article 8 énonce que « le Gouvernement conduit la politique de la Nation telle que définie par le Président de la République. Il exécute les lois de la République et les décrets du Chef de l'État. Il négocie les accords internationaux sous l'autorité du Chef de l'État. Il dispose de l'administration et des forces armées ». Aussi, l'article 9 relaye-t-il que « le Gouvernement se réunit en Conseil des ministres sous la présidence du Chef de l'État ou d'un de ses membres par délégation des pouvoirs. »

II. Des corrections timides au décret-loi constitutionnel n° 003 du 27 mai 1997

Plusieurs critiques ont été émises contre le Décret constitutionnel n° 003 du 27 mai 1997 dont nous venons d'examiner des aspects formels et matériels ; notamment l'instauration de l'autocratie que caractérise la confusion des pouvoirs législatif et exécutif entre les mains du Président de la République ; à lui tout seul, ce dernier s'est arrogé dans la Nation toutes les prérogatives propres au pouvoir constituant tant originaire que dérivé. En fonction de ce dernier pouvoir, le Président de la République, L.D Kabila avait signé en date du 25 mai 1998, le Décret-loi n° 074 portant révision des dispositions du chapitre II du Décret-loi N° 003 du 27 mai 1997.

En effet, ce décret-loi n° 074 du 25 mai 1998 est pris après un an d'exercice du pouvoir par le nouveau régime dans un contexte marqué par l'hostilité de la communauté internationale à l'égard du pouvoir AFDL au plan extérieur ainsi que l'antagonisme de l'opposition à l'intérieur du pays. Les allégations de génocide à l'égard des réfugiés hutus rwandais lors de la guerre de libération (1996-1997) au Congo, le refus de collaboration avec la commission d'enquête de l'ONU sur les massacres qui en ont résulté, la dérive totalitaire du nouveau régime, le non-respect des droits de l'homme, telles sont les principales causes qui ont justifié l'attitude négative de la communauté internationale à l'égard du Congo. Une telle attitude a fait que l'aide attendue de ladite communauté pour soutenir l'œuvre de la reconstruction nationale conçue et matérialisée dans le plan triennal n'a pu être obtenue vu le degré de sa conditionnalité par les donateurs. Ce manque à gagner serait à la base de la nouvelle orientation politique.

Par rapport à cette conditionnalité, le Président Kabila a tenté deux gestes d'ouverture politique et de normalisation démocratique, certes timide. C'est ainsi qu'au plan intérieur un dialogue a été amorcé par le contact qu'il a eu le 30 mai 1998 avec E. Tshisekedi à Lubumbashi dans la Province du Katanga. C'est dans ce cadre qu'il nous faut également inscrire la création de l'Assemblée constituante et législative. Ces deux cas constituent, à n'en douter point, des actions palpables de la nouvelle politique de normalisation dont les preuves indiquent que celles-ci sont plus destinées à la consommation extérieure (atténuer les critiques et permettre la normalisation des relations surtout entre l'occident et le Congo).

Le Décret-loi N° 074 du 25 mai 1998 portant révision des dispositions du chapitre II du décret-loi N° 003 du 27 mai 1997 apporte une correction timide au régime institué initialement par l'AFDL opérant un transfert du pouvoir législatif du Chef de l'État qui l'exerçait jusque-là seul à l'Assemblée constituante et législative. L'organe parlementaire ainsi constitué avait dans ses attributions :

- L'exercice du pouvoir législatif ;
- Le contrôle des actions entreprises par le gouvernement[100] ;
- Examiner l'avant-projet de la constitution de la IIIe République[101].

En vertu de l'article 13 de ce décret, les membres de cette Assemblée y compris ceux du Bureau sont désignés par le président de la République.

La participation du Président de la République à l'exercice du pouvoir législatif se limitait à la « promulgation des lois de la République démocratique du Congo votées par l'Assemblée constituante et législative (...) chargée d'exercer le pouvoir législatif pendant la période de transition ». Cependant, le régime des « pleins pouvoirs » n'avait pas perdu sa vitalité, car l'article 13 du décret-loi 074 du 25 mai 1998 disposait que : « Si l'intérêt supérieur de la Nation l'exige, le président de la République peut, dans un message adressé à la nation, dissoudre anticipativement l'Assemblée constituante et législative. Dans ce cas, il légifère par décret-loi. »

Par Décret-loi constitutionnel n° 096/2000 modifiant et complétant le décret-loi n° 003 du 27 mai 1997 relatif à l'organisation et à l'exercice du pouvoir en République Démocratique du Congo, tel que modifié et complété par le décret-loi constitutionnel n° 074 du 25 mai 1998, le président L.D Kabila mit en place l'Assemblée constituante et législative -Parlement de Transition (ACL-PT). Les 300 membres appelés députés qui composaient l'ACL-PT ainsi que les membres du Bureau ont été

[100] Voir le Décret n° 106/2000 relatif à la procédure de l'exercice du pouvoir de contrôle de l'Assemblée constituante et législative sur le gouvernement, entreprises et les services publics de l'État.

[101] La « Commission constitutionnelle » créée le 5 novembre 1997 avait remis le 30 mars 1998 au chef d'État un projet de constitution. Une autre version de celle-ci avait été remise au chef d'État le 19 mars 1999 par une « Commission constitutionnelle » restreinte.

nommés par le Président de la République[102]. L'ACL-PT avait son siège à Lubumbashi, dans la Province du Katanga.

Si la mise en place d'une institution législative et de contrôle de l'activité gouvernementale avait suscité un réel enthousiasme en rapport avec les desiderata de toute la classe politique et de la société civile vers un processus de libéralisation de de la vie politique et d'instauration d'un système pluripartisan, la promulgation par L.D. Kabila du Décret-loi constitutionnel n° 180 du 10 janvier 1999 modifiant et complétant le décret-loi 003 du 27 mai 1997 relatif à l'organisation et à l'exercice du pouvoir en République démocratique du Congo[103] est venue, contre toute attente, baliser très curieusement les futures avancées démocratiques. En effet, selon l'exposé de motifs et l'article 1, le président L.D Kabila justifie l'émanation du décret-loi constitutionnel n° 180 par « l'impossibilité momentanée et persistante de convoquer l'Assemblée législative, organe constitutionnel chargé d'exercer le pouvoir législatif (...) » et aussi attendu « la circonstance exceptionnelle de guerre et l'occupation téméraire d'une partie du territoire de la République démocratique du Congo par les forces d'agression étrangères[104] ». Désormais, L.D Kabila serait le seul à légiférer par décret-loi « sur toutes les matières relatives au processus démocratique et électoral », en attendant la mise sur pied de l'Assemblée législative.

---

[102] Voir le Décret n° 121/2000 modifiant et complétant les décrets n° 097/2000 du 1er juillet 2000 et n° 103/2000 du 6 juillet 2000 portant nomination des membres de l'Assemblée constituante et législative- Parlement de transition. Voir aussi Décret n° 105/2000 portant nomination du Bureau de l'Assemblée constituante et législative/Parlement de transition.

[103] Bulletin de l'Agence congolaise de Presse, 11 janvier 1999.

[104] Willame, J-C (1999), *L'odyssée Kabila. Trajectoire pour un Congo nouveau ?* Collection : Les Afriques, Paris : Éditions Karthala, p. 238.

CHAPITRE 8

De Lusaka à Sun City : à la recherche d'une transition consensuelle et inclusive

I. DE LA CRISE DU RÉGIME DE L'AFDL À L'ACCORD DE LUSAKA

Les velléités autoritaristes du régime de l'AFDL installé à Kinshasa depuis le 17 mai 1997 avaient fini par miner progressivement les ressorts de la légitimité du pouvoir de L.D Kabila. Face à l'obstruction de toute expression du pluralisme politique et la confusion inacceptable des structures de l'AFDL et celles de l'État, la promesse de démocratisation de la société politique congolaise dont était porteur le nouveau régime s'escamotait. D'autre part, une large couche de l'opinion congolaise exprimait déjà son ras-le- bol et sa profonde déception quant à la présence manifestement démesurée des sujets tutsis d'origine rwandaise et ougandaise dans les postes stratégiques et des rouages des affaires étrangères, les services de renseignements ou l'armée. Cet état des choses renforçait l'argument d'un gouvernement pseudo-nationaliste à la solde de Paul Kagame et de Yoweri Museveni. À ce propos, Roland Pourtier souligne que :

> *« Kabila ne pouvait longtemps rester l'obligé de ses deux parrains de l'Est. Héritier de Lumumba, il en avait gardé une teinture marxiste, et surtout un fort sentiment nationaliste qui lui valut le soutien d'une large fraction de la population congolaise, non seulement dans son Katanga natal (le temps de la sécession étant bien révolu), mais aussi à Kinshasa. Or, ses alliés, principalement les Rwandais, entendaient exercer un magistère sur la politique congolaise et, plus*

prosaïquement, retirer les bénéfices du soutien qu'ils avaient accordé à l'AFDL. L'occasion était trop belle pour ces pays pauvres de puiser dans les ressources de l'eldorado congolais, au demeurant plus mythique que réel.[105]*».*

Sur le plan régional, contrairement aux attentes des parrains de Kabila, le nouveau régime installé à Kinshasa s'avéra incapable, ou peu disposé, à résoudre les deux problèmes initialement à l'origine de la guerre de 1996-7 : la sécurité des voisins de l'Est et le statut des Tutsis congolais[106]. Au plan interne, conscient de la persistance de ce malaise dans l'opinion congolaise et dans un élan de récupération de son autonomie face à ses mentors qui l'avaient aidé à s'emparer du pouvoir, le Président L.D Kabila prit alors deux décisions aux conséquences très lourdes : d'abord, la dissolution de l'AFDL qu'il taxa de « conglomérat d'aventuriers » pour le remplacer par le Comité du Pouvoir populaire (CPP) ; ensuite, pour s'affranchir de la « tutelle » rwandaise assez rapidement, il fait démissionner son Chef d'État-Major, James Kabarebe et le remplace par un Congolais et, surtout, il ordonne le retrait *hic et nunc* du pays des forces militaires rwandaises et ougandaises. Cette nouvelle situation fit l'élément déclencheur de la Seconde guerre du Congo qui mettra aux prises plusieurs pays africains et des groupes armés dans une région aux frontières poreuses[107]. Le Congo s'était rapidement

---

[105] Pourtier, R. (2003). « L'Afrique centrale dans la tourmente : Les enjeux de la guerre et de la paix au Congo et alentour », *Hérodote*, 111 (4), pp. 11-39. p. 24.

[106] Reyntjens, F. « la deuxième guerre du Congo : plus qu'une réédition », *African Affairs*, 98:391(1999), pp. 241-250.

[107] Selon le rapport « Les femmes dans les processus de paix et de transition - République démocratique du Congo (2001–2003) », publié par Inclusive peace and transition (2017) de Graduate Institute Geneva.

« La Deuxième Guerre du Congo a été l'un des conflits armés les plus meurtriers depuis la Seconde Guerre mondiale. Selon les estimations, 3,3 millions de personnes y ont perdu la vie, directement dans le conflit ou en raison des violences et de l'insécurité qu'il a provoquées; environ 47 % de ces personnes étaient des enfants. Une violence sexuelle massive et généralisée a été utilisée pour systématiquement détruire des communautés entières et déshumaniser les victimes. Entre 1994 et 2010, quelque 1,3 million de femmes et environ 760 000 hommes ont été victimes de la violence sexuelle, pour une population totale de 5 millions d'habitants dans l'est de la RDC. Fin 2003, 4 millions de personnes avaient été déplacées à cause du conflit armé ».

converti en un large champ de bataille où des acteurs militaires, des armées gouvernementales aussi bien que des groupes armés non gouvernementaux, livrent leurs guerres extraterritorialement[108].

De nouvelles alliances s'enchevêtraient alors dans ce scénario de « la Première Guerre continentale africaine », témoignant d'une balkanisation avancée de l'État congolais et de l'effectivité de l'effritement de l'intégrité territoriale. La rébellion du Rassemblement congolais pour la Démocratie (RCD), une composition hétéroclite d'anciens mobutistes, de Tutsis du Kivu, de politiques stipendiés par le Rwanda ou l'Ouganda, de militaires en mal de reconversion et d'aventuriers de tout poil, parrainé et appuyé intégralement par le l'Armée Patriotique Rwandais (APR)[109] et les milices créées par les populations Banyamulenge occupait essentiellement le Nord et le Sud-Kivu, des zones convoitées pour ses richesses minérales et foncières. Le Mouvement de Libération du Congo (MLC) bénéficiant de tout l'appui logistique de l'*Uganda Peoples Défense Force* consolidait ses positions au Nord-ouest et dans la zone de l'Ituri, tandis que Kinshasa était protégé par une coalition composite des armées officielles en provenance de l'Angola, du Zimbabwe et du Tchad. Le gouvernement de la RDC avait également opté pour armer des milices d'autodéfense, les Mai-Mai, et les FDLR (rebelles hutus rwandais) pour lutter contre les rebelles du RCD. Il faut aussi mentionner la présence des Forces armées Burundaises (FAB) qui appuyaient le groupe rebelle du Conseil

---

[108] Reyntjens, F « La rébellion au Congo-Zaïre, une affaire de voisins », *Hérodote*, n°. 86-87, 1997, pp. 57-77.

[109] Pour Roland Pourtier, la rébellion du RCD était totalement dénuée d'idéologie. Bien plus, étant donné qu'elle n'existe que grâce aux deux pays voisins qui ont présidé à sa naissance, elle dépendait étroitement de l'état de leurs relations. La discorde croissante entre Museveni et Kagame à propos de la politique à tenir au Congo ne pouvait qu'entraîner son éclatement : une première scission se produisit en mai 1999 : le RCD-Goma, sous la présidence d'Émile Ilunga, demeura d'obédience rwandaise tandis que le RCD-Mouvement de libération (RCD-ML ou RCD-K) avec son président Wamba dia Wamba établit sa base à Kisangani en se plaçant sous la protection de l'Ouganda. Pourtier, R. (2003). « L'Afrique centrale dans la tourmente : Les enjeux de la guerre et de la paix au Congo et alentour », *op. Cit.* p. 27.

National pour la Défense de la Démocratie- Forces de Défense de la démocratie (CNDD-FDD).

La poursuite des hostilités, le constat de la violation de la souveraineté nationale du Congo et de son intégrité territoriale couplé par les violations massives des droits de l'homme et du droit international humanitaire commises sur le territoire de la République démocratique du Congo par les parties au conflit, avait alors motivé une forte mobilisation de la communauté internationale aux fins de permettre le retour à la paix, la réconciliation nationale entre les frères belligérants congolais et le respect de la souveraineté internationale du Congo sur l'étendue de ses frontières.

Ces objectifs furent énoncés dans la résolution 1234 (1999), adoptée par le Conseil de sécurité à sa 3993e séance, le 9 avril 1999[110]. Celle-ci, en plus d'exiger l'arrêt immédiat des hostilités, enjoignait d'une part aux armées étrangères impliquées dans le conflit, « *la signature immédiate d'un accord de cessez-le-feu permettant le retrait ordonné de toutes les forces étrangères, le rétablissement de l'autorité du Gouvernement de la République démocratique du Congo sur tout son territoire et le désarmement des groupes armés non gouvernementaux en République démocratique du Congo* ». Elle soulignait également, dans le contexte d'un règlement pacifique, que les belligérants congolais devraient s'engager « *dans un dialogue politique ouvert à tous tendant à la réconciliation nationale et à la tenue à une date rapprochée d'élections démocratiques, libres et équitables, et que soient adoptées les dispositions voulues pour assurer la sécurité le long des frontières internationales pertinentes de la République démocratique du Congo* ».

Cette résolution constituait la base de légalité internationale de « l'Accord de cessez-le-feu en République démocratique du Congo » signé à Lusaka (dis l'Accord de Lusaka), le 10 juillet 1999 par des représentants l'Angola, La RD Congo, la République de Namibie de La République d'Angola, du Rwanda, de l'Ouganda et du Zimbabwe.

Le texte de l'Accord de Lusaka a fait l'objet des critiques acerbes de certains spécialistes en géopolitique des Grands Lacs

---

110 https://undocs.org/fr/S/RES/1279 (1999).

africains qui n'ont pas hésité à le rattacher aux plans américains pour la division et la mise sous tutelle du Congo. Ludo Martens par exemple considère l'Accord de Lusaka comme un instrument déséquilibré en faveur des pays « agresseurs » de la RD Congo. Un des griefs les plus pertinents qui ressort de ses analyses est l'impératif de faire dépendre un principe non négociable en droit international — le retrait des troupes étrangères de la RD Congo — à la tenue d'un « débat national » entre Congolais, une matière qui relève de souveraineté nationale d'un pays. Cette corrélation s'avérait être illusoire dans un contexte ou l'invocation de cette souveraineté était intiment liée à la culture politique de l'élite au pouvoir. De surcroît, la liaison de l'un à l'autre créait un précédent dangereux en matière de droit international : dans d'autres situations et en d'autres lieux, on avait été moins regardant sur la question de l'intangibilité des frontières[111].

Par contre, il n'existe pas de controverses quant à la nature hybride de l'Accord de Lusaka, puisqu'il intègre, dans un texte unique, deux types de problématiques et deux objectifs qui se superposent. D'une part, il saisit la dimension internationale du conflit armé en RDC. Dans ce sens, il contient des spécifications relatives au cessez-le-feu. D'autre part, il appréhende la dimension nationale inhérente au conflit de gouvernance interne. Sous cet angle, l'Accord étaye des éléments relatifs au dialogue intercongolais. C'est compte tenu de cette approche globale de la deuxième guerre du Congo que le processus de Lusaka a été considéré, à juste titre, comme « *la seule opportunité crédible pour le Congo de sortir pacifiquement de la crise actuelle qu'il traverse et de se remettre sur pied rapidement (...), un cadre consensuel devant permettre aux parties en conflit de s'engager dans un processus de paix et aux forces politiques et sociales congolaises de s'impliquer dans une dynamique de reconstruction nationale* »[112].

[111] Ludo Martens, *Analyse de l'Accord de Lusaka et de ses pièges. Les plans américains pour la division et la mise sous tutelle du Congo* https://repositories.lib.utexas.edu/bitstream/handle/2152/5172/2479.pdf?sequence=1 (consulté le 21 août 2020).
[112] La Libre Belgique, publié le 08-04-01 https://www.lalibre.be/debats/opinions/congo-kinshasa-analyses-et-perspectives-2-51b871b8e4b0de6db9a5a612 (consulté le 21 août 2020)

Le Chapitre 5 de l'Annexe A portant sur « les modalités de mise en œuvre de l'accord de cessez-le-feu en République démocratique du Congo » précise les conditions favorables aux « négociations politiques intercongolaises devant aboutir à la mise en place du nouvel ordre politique en République Démocratique du Congo ». Il y est également énoncé 4 principes devant aboutir à la mise en place de ce nouvel ordre politique et de la réconciliation nationale issus des négociations politiques intercongolaises :

a) Le processus des négociations politiques intercongolaises doit inclure outre les Parties congolaises, à savoir le gouvernement de la République Démocratique du Congo, le Rassemblement congolais pour la Démocratie et le Mouvement pour la Libération du Congo, l'opposition politique ainsi que les représentants des forces vives de la Nation (le principe de l'inclusivité),
b) Tous les participants aux négociations politiques intercongolaises bénéficieront d'un statut identique,
c) Toutes les résolutions adoptées par les négociations politiques intercongolaises lieront tous les participants.
d) Les Parties s'accordent enfin que l'Organisation de l'Unité africaine assiste la République Démocratique du Congo en vue de l'organisation des négociations politiques intercongolaises, sous l'égide d'un facilitateur neutre choisi par les Parties en vertu de son autorité morale, de sa crédibilité internationale et de son expérience. Celui-ci sera chargé de consulter toutes les parties à la négociation et de conduire les débats devant aboutir à la mise en place d'un nouvel ordre politique en République Démocratique du Congo, eu égard au calendrier précisé dans ladite annexe.

En vertu de cet Accord de cessez-le-feu, l'ordre du jour des négociations politiques inter congolaises devaient porter sur 5 points qui sont les suivants :

- Le calendrier et les principes de procédure des négociations politiques intercongolaises,
- La formation de la nouvelle armée congolaise dont les éléments seront issus des Forces Armées congolaises, des

forces armées du Rassemblement congolais pour la Démocratie et des forces armées du Mouvement pour la Libération du Congo,

- Le nouvel ordre politique en RDC, en particulier les institutions devant être mises en place en vue de la gouvernance en RDC,
- Le processus des élections libres, démocratiques et transparentes en RDC,
- Le projet de constitution devant régir la RDC après la tenue des élections.

II. La prouesse de Sun City : l'Accord global et inclusif sur la transition en République démocratique du Congo

Postposé plusieurs fois en raison des réticences affichées par le président L.D Kabila quant à l'idée que le gouvernement soit soumis aux mêmes conditions de négociation que les autres délégations, le dialogue intercongolais eut finalement lieu à Sun City en Afrique Sud du 19 février au 25 avril 2002 (premier round des négociations), sous la médiation de Thabo Mbeki, après l'assassinat de L.D Kabila, car « présenté comme le verrou bloquant toute solution à la crise, l'obstacle empêchant l'application des accords de paix de Lusaka[113] ».

Conformément aux spécifications de l'Accord de Lusaka, les négociations du dialogue intercongolais mettaient aux prises les composantes et entités suivantes : le Gouvernement de la République Démocratique du Congo, le Rassemblement congolais pour la Démocratie (RCD), le Mouvement de Libération du Congo (MLC), l'Opposition politique, les Forces vives, le Rassemblement congolais pour la Démocratie/Mouvement de Libération (RCD/ML), le Rassemblement congolais pour la Démocratie/National (RCD/N), les Maï-Maï. Elles aboutirent à la conclusion d'un Accord global et inclusif sur la transition en

[113] Braeckman, C. « La mort de Kabila : nouvelle donne dans la guerre en RDC », *Politique africaine* N° 82, 2001 (2), pp. 151 à 159, p. 151.

République Démocratique du Congo[114], signé à Pretoria le 17 décembre 2002.

Le dialogue interconcongolais a été marqué des vicissitudes politiques et tant des « allers-retours » des acteurs impliqués qui avaient fait planer un doute raisonnable quant à une issue heureuse des négociations. L'accord partiel sur un gouvernement de transition trouvé entre le gouvernement de Joseph Kabila et le Mouvement pour la Libération du Congo de Jean-Pierre Bemba[115], approuvé par l'Angola, l'Ouganda et le Zimbabwe, avait sérieusement hypothéqué les chances d'une vraie réconciliation nationale et la cessation des hostilités. Cet accord partiel reflétait en réalité un début de recomposition des alliances, particulièrement la fin de la coalition anti-Kabila et l'isolement du Rassemblement congolais pour la Démocratie (RCD) et surtout celui de son allié le Rwanda, resté inflexible sur ses positions. Cet isolement faisait craindre alors une reprise des hostilités par un Rwanda acculé ou, plus probablement, à une partition consommée du pays, avec un mouvement rebelle se déclarant maître d'un tiers du territoire de la RDC[116].

Finalement, après moult péripéties et une forte mobilisation de la communauté internationale, l'Accord global et inclusif sur la transition en République démocratique du Congo avait été adopté à Pretoria le 17 décembre 2002. Il portait sur 6 points

---

[114] Journal officiel, n° spécial du 5 avril 2003, pp. 51-69.

[115] Les termes de cet accord maintiennent Joseph Kabila à la tête de l'État et désignent Jean-Pierre Bemba, le leader du MLC, comme Premier ministre d'un prochain gouvernement d'Union Nationale. Une certaine majorité des participants à Sun City avaient fini par adhérer à cet accord partiel : des groupes armés, certains partis politiques et membres représentant la société civile. Cependant, il était rejeté par le Rassemblement congolais pour la démocratie (RCD/Goma), soutenu par le Rwanda, l'Union pour la démocratie et le progrès social (UDPS) d'Étienne Tshisekedi, les Forces novatrices pour l'union et la solidarité (FONUS) de Joseph Olengankoy ainsi que le Parti lumumbiste unifié (PALU) d'Antoine Gizenga. Ces partis estimaient que l'accord a été conclu en dehors du cadre normal des négociations.

[116] International Crisis Group (2002), Temps couvert sur Sun City : la refondation nécessaire du processus de paix congolais, ICG Rapport Afrique N° 44, Bruxelles/Nairobi. https://reliefweb.int/sites/reliefweb.int/files/resources/5B820B355189730E85256BB9005BE359-icg-drc-14may.pdf (consulté le 25 août 2020).

essentiels : la cessation des hostilités, les objectifs de la transition, des principes de la transition, la durée et les institutions de la transition et l'armée.

Le texte de l'Accord précisait 5 principaux objectifs qui étaient assignés à la transition : la réunification, la pacification, la reconstruction du Pays, la restauration de l'intégrité territoriale, et le rétablissement de l'autorité de l'État sur l'ensemble du territoire national ; la réconciliation nationale ; la formation d'une armée nationale, restructurée et intégrée ; l'organisation d'élections libres et transparentes à tous les niveaux permettant la mise en place d'un régime constitutionnel démocratique ; la mise en place des structures devant aboutir à un nouvel ordre politique.

Quant à la durée de la transition, il était convenu que la période de transition qui prenait effet à compter de l'investiture du gouvernement de transition arrivait à son terme avec l'élection du Président. Celle-ci avait lieu après les élections législatives. Les élections devaient se tenir dans les 24 mois qui suivaient le début de la période de transition. En raison des problèmes spécifiquement liés à l'organisation des élections, cette période pouvait être « prolongée de 6 mois, renouvelable une seule fois si les circonstances l'exigent, sur proposition de la Commission électorale indépendante et par une décision conjointe et dûment motivée de l'Assemblée nationale et du Sénat ».

Les institutions de la transition étaient régies, dans leur mode de fonctionnement, par les principes de la consensualité, de l'inclusivité et de la non-conflictualité et « la répartition des responsabilités au sein des institutions de la transition et à tous les niveaux de l'État se faisait sur la base du principe de l'inclusivité et du partage équitable entre les composantes et entités au Dialogue intercongolais selon des critères de compétence, de crédibilité, d'honorabilité et dans un esprit de réconciliation nationale ».

Il convient de noter également qu'aux fins de faciliter la réconciliation nationale, l'Accord prévoyait aussi l'amnistie pour les faits de guerre, les infractions politiques et d'opinion, à l'exception des crimes de guerre, des crimes de génocide et des crimes contre l'humanité.

Concernant les institutions de la transition, les entités et composantes ayant participé au dialogue intercongolais de Sun City avaient décidé de créer, sur la base du principe de séparation des pouvoirs, un Exécutif de la transition, un Parlement de la transition composé d'une Assemblée nationale et d'un Sénat, un pouvoir judiciaire constitué notamment des Cours et tribunaux existants, et des Institutions d'appui à la démocratie.

CHAPITRE 9

La transition partagée et inclusive (2003-2006). La constitution de la transition du 4 avril 2003

I. INSTITUTIONNALISATION DU POUVOIR

Pris sous l'angle de la trajectoire évolutive du droit constitutionnel de transition, la constitution de la transition du 4 avril 2003[117] marque une rupture totale avec la transition autoritaire initiée et mise en place par le régime de l'AFDL sous un double registre : d'abord le passage de la patrimonialisation du pouvoir à son institutionnalisation, ensuite par la réintroduction du principe de séparation des pouvoirs.

À l'opposé d'un pouvoir patrimonial et personnel tel qu'exercé dans notre histoire par Mobutu et par Kabila père, le pouvoir institutionnalisé, ne dépend plus de l'identité de l'individu qui l'accomplit. Le titulaire d'une compétence n'en est plus le propriétaire personnel, mais est devenu le gestionnaire d'une réalité organisée. Cette dernière, pour Hauriou, était représentée par la Nation, pour d'autres il s'agit du peuple. Le titulaire des compétences n'est plus qu'un agent de l'institution sociale. Cette mutation se réalise par une collectivisation progressive du fondement du pouvoir. Les avantages de l'institutionnalisation du pouvoir sont de deux ordres selon Bernard Asso : d'abord il s'agit

[117] Journal Officiel de la République Démocratique du Congo, Constitution de la transition, 44e Année, Numéro Spécial du 5 avril 2003

d'assujettir la puissance au Droit et ensuite de soumettre le détenteur de la puissance à la collectivité organisée[118].

L'Accord global et inclusif sur la transition démocratique en R. D. Congo et la constitution du 4 avril 2003 sont désormais la seule source du pouvoir. Ceci ressort très clairement de l'article 1 al. 2 et 3 de la Constitution sous examen :

> *« L'accord global et inclusif et la Constitution constituent la seule source du pouvoir pendant la transition en République Démocratique du Congo. Durant la période de Transition, tous les pouvoirs sont établis et exercés de la manière déterminée par l'Accord global et inclusif ainsi que par la présente Constitution ».*

Cette disposition constitutionnelle a posé de manière appropriée les jalons d'une institutionnalisation du pouvoir et s'est imposé effectivement comme le seul fondement juridique dans tout exercice de l'activité politique durant la période de transition, c'est- à- dire jusqu'à la promulgation de la Constitution de la IIIe République.

Bien qu'ayant tiré et exercé son pouvoir d'une source militaire et sous la coupe du Décret-loi n° 003 du 27 mai 1997, le président Joseph Kabila s'est conformé, à partir de 2003 à exercer le pouvoir selon les règles constitutionnelles préétablies et impartiales. Cette disposition personnelle du Président Joseph Kabila, très louable, a influencé positivement les rapports entre les différents pouvoirs institutionnalisés durant la transition, car il ne s'est pas comporté de manière à être la source et le siège du pouvoir.

II. Organisation et exercice du pouvoir politique sous la constitution de transition du 4 avril de 2003

L'article 64 de la Constitution de 2003 énumère 5 institutions politiques de la transition : le Président de la République, le Gouvernement, l'Assemblée nationale, le Sénat, les Cours et tribunaux. Cependant, le cloisonnement des compétences de

---

[118] Asso B. « La Présidence et l'institutionnalisation du pouvoir en Afrique noire », *Revue française d'histoire d'outre-mer*, tome 68, n° 250-253, Année 1981. État et société en Afrique Noire. pp. 217-232.

chaque institution ne suit pas cet ordre. La Constitution décrit les différentes institutions en les englobant dans la catégorisation classique des trois pouvoirs d'État : le pouvoir exécutif, le pouvoir législatif et le pouvoir judiciaire. Elle y ajoute, conformément à l'article 154, cinq (5) institutions d'appui à la démocratie qui sont : la Commission électorale indépendante, l'observatoire national des droits de l'Homme, la Haute autorité des médias, la Commission-vérité et réconciliation et finalement La Commission de l'éthique et de la lutte contre la corruption.

1. Le pouvoir exécutif

Le pouvoir exécutif est composé de 3 instances distinctes : le Président de la République, la présidence de la République et le gouvernement.

1.1. Le Président de la République

Les pouvoirs du Président de la République sont énumérés essentiellement aux articles 68 à 82 de la Constitution du 4 avril 2003. Ses prérogatives sont les suivantes :

- le Président de la République est le Chef de l'État. Il représente la Nation. Il veille au respect de la Constitution de la transition. Il est le garant de l'indépendance nationale, de l'intégrité du territoire national et de la souveraineté nationale (Article 68) ;
- le Président de la République convoque et préside le Conseil des ministres au moins une fois tous les quinze jours (Article 69) ;
- le Président de la République promulgue les lois dans les conditions définies aux articles 129 et 132 (article 70) ;
- le Président de la République assure l'exécution des lois et exerce le pouvoir réglementaire par voie de décrets délibérés en Conseil des ministres (article 71) ;
- le Président de la République est le Commandant suprême des Forces armées. Il préside le Conseil supérieur de la défense. Il nomme, relève de leurs fonctions et, le cas échéant, révoque les officiers de l'armée et de la police,

après délibération du Conseil supérieur de la défense visé à l'article 187 Constitution (article 72) ;

- le Président de la République déclare la guerre sur décision du Conseil des ministres, après avis conforme du Conseil supérieur de la défense et autorisation de l'Assemblée nationale et du Sénat (article 73) ;
- le Président de la République proclame l'état de siège et l'état d'urgence sur décision du Conseil des ministres après avis conformes du Conseil supérieur de la défense ainsi que de l'Assemblée nationale et du Sénat (article 74) ;
- le Président de la République accrédite les Ambassadeurs et les Envoyés extraordinaires auprès des États étrangers et des organisations internationales. Les Ambassadeurs ainsi que les Envoyés extraordinaires des États étrangers et des organisations internationales sont accrédités auprès de lui (article 75) ;
- le Président de la République nomme les hauts fonctionnaires de l'État, les Gouverneurs et les vice-gouverneurs de Province, le Gouverneur et le vice-gouverneur de la Banque centrale, les Ambassadeurs et les Envoyés extraordinaires, les membres du Conseil supérieur de la magistrature, les mandataires de l'État dans les établissements publics et paraétatiques (article 76) ;
- sur proposition du Conseil supérieur de la magistrature, il nomme et révoque les magistrats du siège et du parquet, après en avoir informé le Gouvernement (article 77) ;
- le Président de la République a le droit de grâce. Il peut remettre, commuer et réduire les peines après en avoir informé le Gouvernement (article 78) ;
- le Président de la République confère les grades dans les Ordres nationaux et les décorations, conformément à la loi (article 79).

Il convient de souligner que dans ses rapports avec d'autres membres de l'Exécutif, en l'occurrence les quatre Vice-Présidents de la République et les ministres, le président de la République exerce des prérogatives prévues aux articles 80, 81 et 82 de la constitution de la transition relatifs à la Présidence de la République. C'est sous ce prisme qu'il nomme et révoque les ministres et les Vice-Ministres sur proposition des composantes et entités du Dialogue intercongolais (article 89).

1.2. La présidence de la République

Pour le professeur Djoli Eseng'Ekeli, l'institution d'un « espace présidentiel » est le reflet de marchandage et de recherche de compromis sur la problématique de la gestion de la gestion consensuelle partagée et inclusive de cette transition[119]. L'article 80 de la Constitution du 4 avril 2003 décrit le profil institutionnel de la présidence de la République. Cette institution *sui generis* révèle le degré de maturation de l'ingénierie constitutionnelle congolaise pour répondre aux questions politiques spécifiques posées par le défi de pacification et de réconciliation nationale. « La Présidence de la République est composée du Président de la République et de quatre Vice-présidents. Le Président de la République assure, avec les Vice-présidents, un leadership nécessaire et exemplaire dans l'intérêt de l'unité nationale de la République Démocratique du Congo ».

L'article 83 de la Constitution de 2003 crée quatre postes de Vice-président de la République. Ceux-ci sont issus respectivement des Composantes Gouvernement de la République Démocratique du Congo, le Rassemblement congolais pour la Démocratie (le RCD), le Mouvement de Libération du Congo (MLC) et l'Opposition politique.

En vertu de l'article 86, chaque Vice- président est en charge d'une des quatre Commissions gouvernementales :

- Commission politique, défense et sécurité, présidée par la Composante RCD (Azarias Ruberwa Manywa) ;
- Commission économique et financière, présidée par la Composante MLC (Jean-Pierre Bemba) ;
- Commission pour la reconstruction et le développement, présidée par la Composante Gouvernement (Abdoulay Yerodia) ;

---

[119] Djoli Eseng'Ekeli, J. (2013). *Droit constitutionnel. L'expérience congolaise (RDC),* op. cit. , p. 172.

- Commission sociale et culturelle, présidée par la Composante Opposition politique (Arthur Zahidi Ngoma).

Le Président de la République traite avec les Vice-présidents de toutes les questions relatives à la gestion du Gouvernement. Pour ce faire, il tient des réunions restreintes de concertation avec eux sur ces matières. Les réunions entre le Président et les Vice-présidents se tiennent régulièrement, au moins une fois toutes les deux semaines et, dans tous les cas, avant chaque réunion du Conseil des ministres.

Les réunions entre le Président et les Vice-présidents sont convoquées par le Président de la République, de sa propre initiative ou à la demande d'un Vice-président.

En cas d'empêchement provisoire, la présidence des réunions est assurée par un Vice-président désigné, à tour de rôle, par le Président de la République.

Les compétences des vice-présidents sont prévues et encadrées aux articles 87 et 88 de la Constitution :

- Ils convoquent et président les réunions de leurs commissions.
- Ils présentent les rapports de leur commission au Conseil des ministres.
- Ils coordonnent et supervisent la mise en application des décisions du Conseil des ministres en rapport avec leur commission respective.
- Ils proposent au Président de la République les grades dans les ordres nationaux et les décorations, conformément à la loi.

1.3. Le Gouvernement

Le statut constitutionnel du gouvernement est régi aux articles 92 à 96 de la Constitution du 4 avril 2003. Le Gouvernement détermine et conduit la politique de la Nation, conformément aux Résolutions du Dialogue intercongolais. En vertu de l'article 94, il exécute les lois et les décrets du Président de la République. Dans l'exercice de ses missions, il dispose de l'administration publique, des forces armées, de la police nationale ainsi que des services de sécurité civile et de protection civile.

Conformément aux dispositions de l'article 69 de la Constitution, les réunions du Gouvernement en Conseil des ministres sont présidées par le Président de la République. En cas d'empêchement provisoire, les réunions sont présidées par un Vice-président désigné, à tour de rôle, par le Président de la République (article 92).

Le Gouvernement est pleinement responsable de la gestion de l'État et en répond devant l'Assemblée nationale dans les conditions définies par la Constitution. Toutefois, pendant toute la durée de la transition, l'Assemblée nationale ne peut renverser le Gouvernement ni par le rejet d'une question de confiance ni par l'adoption d'une motion de censure.

Conformément à l'article 96 de la Constitution, un Secrétariat général du Gouvernement assiste le Président et les Vice-présidents dans la coordination de l'action gouvernementale. Celui-ci prépare les réunions, les travaux et tous les dossiers devant faire l'objet de concertations entre le Président de la République et les Vice-présidents et au niveau du Conseil des ministres.

1.4. Les ministres et les vice-ministres.

En vertu de l'article 89 al. 3 de la Constitution de 2003, « les portefeuilles ministériels sont répartis entre les Composantes et Entités du Dialogue intercongolais dans les conditions et selon les critères déterminés dans l'Annexe I A de l'Accord global et inclusif.

Les ministres sont responsables des départements ministériels qui leur sont confiés. Ils appliquent, par voie d'arrêtés, les programmes et les décisions prises par le gouvernement (article 91).

Durant leurs fonctions, les membres du Gouvernement ne peuvent par eux-mêmes, ni par personne interposée, rien acheter ou louer qui appartienne au domaine de l'État. Ils sont tenus, dès leur entrée en fonction et à l'expiration de celle-ci, de faire sur l'honneur une déclaration écrite de tous leurs biens à l'Assemblée nationale (article 90).

2. Le pouvoir législatif

Comme nous l'avons dit plus haut, la Constitution du 4 avril 2003 était fortement imprégnée du principe de séparation des pouvoirs. Le schéma suivi quant à l'organisation du pouvoir législatif s'inspire de l'esprit de « modération du pouvoir » tel qu'il ressort de la pensée de Montesquieu : *« Le corps législatif [...] étant composé de deux parties, l'une enchaînera l'autre par sa faculté mutuelle d'empêcher* [120]*»*. Le constituant de Sun City instaura alors un bicamérisme imparfait. Aux termes de l'article 97, « Le Pouvoir législatif est exercé par l'Assemblée nationale et le Sénat dans les conditions déterminées par la présente Constitution ». Cependant il existe une série de fonctions qui ne seront réalisées que dans les deux chambres réunies en sessions séparées d'une part, et certaines autres fonctions ne seront réalisées que par une Chambre, sans l'intervention de l'autre.

2.1. L'Assemblée nationale

Composée de 500 membres désignés par les Composantes et Entités du Dialogue intercongolais dans les conditions fixées par l'Annexe I B de l'Accord global et inclusif, portant le titre de « député », l'Assemblée nationale exerçait suivant les termes de l'article 98 quatre prérogatives principales qui sont les suivantes :

- La fonction législative : vote des lois.
- La fonction de contrôle politique : contrôle du Gouvernement, des entreprises publiques, des établissements et services publics ;
- Fonction de suivi des résolutions de l'Accord global et inclusif : contrôle de l'exécution des Résolutions du Dialogue inter congolais ;
- La fonction constituante : adoption du projet de Constitution à soumettre à référendum

[120] Montesquieu, *De l'esprit des lois, Livre XI, chapitre 6* (la Constitution de l'Angleterre), tomes III et IV des Œuvres complètes de Montesquieu, Oxford : C. Volpilhac-Auger éd., Oxford, Voltaire Foundation.

La Constitution remettait l'essentiel de l'organisation et du fonctionnement de l'Assemblée nationale au règlement intérieur. Celui-ci ne pouvait entrer en vigueur que si la Cour suprême de justice, obligatoirement saisie par le Président de l'Assemblée nationale, le déclarait conforme à la Constitution de la transition. En vertu de l'article 103 alinéa 2 et 3 de la Constitution de transition, le règlement intérieur règlerait toutes les questions ayant pour objet le fonctionnement de l'Assemblée nationale dans le cadre de ses prérogatives constitutionnelles, en particulier :

- les pouvoirs et privilèges du Président de l'Assemblée nationale, des membres du Bureau de l'Assemblée nationale, des Présidents des groupes parlementaires et des commissions de l'Assemblée nationale ;
- la procédure de vote des Députés ;
- le régime disciplinaire des Députés ;
- les modalités de retrait et de remplacement des Députés ;
- le nombre, le mode de désignation, la composition, le rôle et la compétence des commissions permanentes, sans préjudice pour le droit de l'Assemblée nationale de créer des commissions spéciales temporaires ;
- l'organisation des services administratifs placés sous l'autorité du Président de l'Assemblée nationale assisté d'un Secrétaire général de l'Administration publique ;
- d'une façon générale, toutes les règles ayant pour objet le fonctionnement de l'Assemblée nationale dans le cadre de ses prérogatives constitutionnelles.

2.2. Le Sénat

Institué sous la Loi fondamentale du 19 mai 1960 et de la Constitution de Luluabourg, le Sénat réapparait après la parenthèse de la deuxième République et des textes constitutionnels transitoires précédents. Il comprend 120 membres désignés par les Composantes et Entités du Dialogue intercongolais dans les conditions déterminées dans l'Annexe I B de l'Accord global et inclusif. Le Sénat est constitué de manière à assurer la représentation de toutes les Provinces.

Les prérogatives du Sénat sont déterminées par l'article 104 de la Constitution sous examen :

- la fonction de médiation : il exerce une mission de médiation des conflits politiques entre les institutions ;
- la fonction constituante : il est chargé d'élaborer l'avant-projet de Constitution à soumettre à référendum.
- une fonction législative concurrente avec l'Assemblée nationale, mais spécialisée et limitée : il examine concurremment avec l'Assemblée nationale les propositions ou projets de loi relatifs aux matières suivantes :
  - la nationalité ;
  - la décentralisation ;
  - aux finances publiques ;
  - au processus électoral ;
  - Aux Institutions d'appui à la démocratie.

L'article 104 alinéa 6 précise que les textes intervenus dans ces matières doivent être adoptés en des termes identiques par l'Assemblée nationale et le Sénat. Cependant, en cas de désaccord entre les deux institutions ou en cas d'urgence déclarée par le Gouvernement « une Commission mixte paritaire est mise en place pour proposer par consensus un texte unique à adopter simultanément par les deux chambres parlementaires. Si le désaccord persiste, l'Assemblée nationale statue définitivement ».

Le Sénat est dirigé par un Bureau constitué d'un Président, de trois Vice-présidents, d'un Rapporteur et de trois rapporteurs adjoints issus, chacun, des composantes et entités au Dialogue intercongolais, conformément à l'Annexe I de l'Accord global et inclusif. Aucune Composante ni Entité ne pouvait être représentée par plus d'un membre au Bureau du Sénat.

2.3. Le régime des sessions

Suivant la tradition des régimes parlementaires, la Constitution du 4 avril 2003 a également organisé le cadre du travail parlementaire en périodes au cours de l'année durant lesquelles les Chambres se réunissent valablement pour délibérer en séance plénière. Ces périodes sont appelées sessions parlementaires. Elles peuvent être, selon le cas, ordinaires ou extraordinaires :

2.3.1. Les sessions ordinaires

En effet, le travail parlementaire est, pour des raisons historiques, discontinu, de telle sorte qu'il se réalise durant des périodes déterminées et interrompues entre elles par d'autres périodes appelées « vacances ». Aux termes de l'article 113, *« L'Assemblée nationale et le Sénat tiennent, chaque année, deux sessions ordinaires »*.

La caractéristique la plus importante de la session ordinaire consiste en sa convocation automatique, car elle s'ouvre à la date préfixée, sans autre convocation que celle du temps, à la différence de la session extraordinaire. Par voie de corollaire, le pouvoir exécutif est dessaisi. Il ne peut ajourner les Chambres. Le même article 113 précise que « *la première session s'ouvre le premier lundi du mois d'avril ; la deuxième session s'ouvre le premier lundi du mois d'octobre. Si le premier lundi du mois d'avril ou du mois d'octobre est férié, l'ouverture de la session a lieu le premier jour ouvrable qui suit »*. Cette même disposition précisait que « *La durée de chaque session ordinaire ne peut excéder trois mois* ».

Aux termes de l'article 114 de la Constitution sous examen, « la date d'ouverture de la première session de l'Assemblée nationale et du Sénat nouvellement désignés est fixée par le Président de la République après avis du Président de l'Assemblée nationale et du Président du Sénat ».

Les sessions de l'une ou de l'autre Chambre étaient simultanées et toute réunion de l'une d'elles tenue hors du temps des sessions était nulle de plein de droits.

2.3.2. Les sessions extraordinaires

Les Chambres peuvent être convoquées en session extraordinaire, c'est-à-dire en dehors des périodes de l'année réservée aux sessions ordinaires.

En droit parlementaire général, outre le chef de l'État et le chef du Gouvernement, le président de chaque Chambre peut convoquer son Assemblée en session extraordinaire si le tiers de ses membres le demandent. L'acte de convocation de l'Assemblée en session extraordinaire doit comporter un ordre du jour. Ceci ressort de l'article 115 de la Constitution du 4 avril

2003 qui dispose que « l'Assemblée nationale et le Sénat peuvent, en outre, être convoqués en session extraordinaire, sur un ordre du jour déterminé, par : le Président de la République à la demande du Gouvernement délibérée en Conseil des ministres ; le Président de l'Assemblée nationale sur décision du Bureau ou sur demande écrite signée par la majorité absolue des députés, le Président du Sénat sur décision du Bureau ou sur demande écrite signée par la majorité absolue des Sénateurs, dans les matières mentionnées à l'article 102 de la présente Constitution ».

Il convient de souligner que la clôture des sessions extraordinaires intervient dès épuisement de l'ordre du jour.

2.4. Le quorum

En plus de cette convocation régulière par l'autorité de l'Assemblée, il existe une autre condition nécessaire pour considérer la validité des décisions prises lors des séances. Il s'agit du quorum. Le quorum de présence est un principe de la représentativité parlementaire. Il garantit la majorité contre les éventuelles manœuvres des minorités et tend à empêcher que cette minorité prenne des décisions en profitant de l'absence de la majorité. À cet effet, Article 116 de la Constitution sous examen, « *l'Assemblée nationale et le Sénat ne siègent valablement qu'à la majorité absolue des membres les composant* ».

La même disposition précise que « *les séances de l'Assemblée nationale et du Sénat sont publiques sauf si, exceptionnellement et pour une durée limitée, le huis clos est prononcé. Le compte-rendu analytique des débats ainsi que les documents de l'Assemblée nationale et du Sénat sont publiés dans les Annales parlementaires* ». Selon Yves Guchet, cette publicité est assurée de trois manières. En premier lieu, par la présence du public dans les tribunes de la salle des séances ; en second lieu, par l'enregistrement des débats et la retransmission télévisée des séances des questions au Gouvernement ; enfin par la publication du Compte-rendu intégral des débats au Journal officiel[121].

---

[121] Guchet Y. (1996). *Droit parlementaire*, Paris : Economica. p.117.

2.5. La procédure législative

Aux termes de l'article 125 de la Constitution sous examen, l'initiative des lois appartient concurremment au Gouvernement, à chaque Député, ainsi qu'à chaque Sénateur dans les matières de l'article 104.

Les projets de loi adoptés par le Gouvernement en Conseil des ministres sont déposés sur le Bureau de l'Assemblée nationale. Les propositions de loi sont, avant délibération et adoption, notifiées pour information au Gouvernement qui adresse, dans les dix jours suivant leur transmission, ses observations éventuelles au Bureau de l'Assemblée nationale et à celui du Sénat. Les membres du Gouvernement, les Députés et les Sénateurs ont le droit de proposer des amendements aux textes en discussion.

Par ailleurs, l'article 128 dispose que :

> « *L'inscription, par priorité, à l'ordre du jour de l'Assemblée nationale ou du Sénat d'un projet de loi, d'une proposition de loi ou d'une déclaration de politique générale est de droit si le Gouvernement, après délibération en Conseil des ministres, en fait la demande* ».

Après son adoption, la loi est transmise sans délai au Président de la République pour promulgation. Celle-ci intervient dans les quinze jours qui suivent l'expiration des délais de recours. Le délai de promulgation est réduit de moitié en cas d'urgence déclarée par l'Assemblée nationale.

L'article 131 de la Constitution règle la question des délais pour saisir la Cour Suprême de Justice d'un recours visant à faire déclarer une loi définitivement votée par les Chambres non conformes à la Constitution de la transition :

- le Président de la République dans les six jours francs qui suivent la transmission à lui faite de la loi définitivement adoptée ;
- un nombre de Députés au moins égal au dixième des membres de l'Assemblée nationale, dans les six jours francs qui suivent son adoption définitive ;
- un nombre de Sénateurs égal au moins au dixième des membres du Sénat, dans les six jours francs qui suivent

l'adoption définitive de la loi portant sur les matières mentionnées à l'article 104 de la présente Constitution.

La loi ne peut être promulguée que si elle a été déclarée conforme à la Constitution de la transition par la Cour suprême de justice. La Cour suprême de justice se prononce dans les quinze jours qui suivent l'introduction du recours porté devant elle. Aux termes de l'article 132,

> « *le délai de promulgation est suspendu jusqu'à l'issue de la seconde délibération ou de l'arrêt de la Cour suprême de justice déclarant la loi conforme à la Constitution. Dans tous les cas, à l'expiration des délais constitutionnels, la promulgation est de droit. Il y est pourvu, le cas échéant, par le Président de l'Assemblée nationale* ».

L'article 119 de la Constitution sous examen prévoit la question de la loi d'habilitation. La loi d'habilitation, votée par le Parlement, permet au Gouvernement, pour l'exécution urgente de son programme d'action, de prendre par décret-loi, des mesures qui sont normalement du domaine de la loi. Cette disposition détermine que la loi d'habilitation doit être délibérée en Conseil des ministres. Cette autorisation est accordée dans des limites de temps et de compétences fixées par la loi d'habilitation.

Les décrets-lois sont pris en Conseil des ministres. Ils entrent en vigueur dès leur publication. Ils deviennent caducs si le projet de loi de ratification n'est pas déposé sur le Bureau de l'Assemblée nationale au plus tard à la date fixée par la loi d'habilitation. L'Assemblée nationale peut adopter ou amender les décrets-lois à l'occasion de l'examen du projet de loi de ratification.

En vertu de l'article 121, les lois qualifiées d'organiques sont votées et modifiées à la majorité absolue des membres composant l'Assemblée nationale et le Sénat. Les lois organiques ne peuvent être promulguées que si la Cour suprême de justice, obligatoirement saisie par le Président de la République, les a déclarées conformes à la Constitution.

2.6. Le domaine de la Loi

L'article 118 de la Constitution détermine deux domaines de l'intervention législative. La loi fixe d'une part les règles du domaine législatif précis et d'autre part, la Loi détermine les principes fondamentaux concernant le domaine de la Loi.

Dans la première catégorie, la Loi fixe les règles concernant :

- les droits civiques et les garanties fondamentales accordées aux citoyens pour l'exercice des libertés publiques ;
- le régime électoral ;
- les finances publiques,
- les sujétions imposées par la défense nationale aux citoyens en leur personne et en leurs biens ;
- la nationalité ;
- l'état et la capacité des personnes, les régimes matrimoniaux, les successions et les libéralités ;
- la détermination des infractions et des peines qui leur sont applicables ;
- la procédure pénale, l'organisation et le fonctionnement du pouvoir judiciaire ;
- la création de nouveaux ordres de juridictions ;
- le statut des magistrats ;
- le régime juridique du Conseil supérieur de la magistrature ;
- l'organisation du Barreau ;
- l'assistance judiciaire et la représentation en justice ;
- l'amnistie et l'extradition ;
- l'assiette, le taux et les modalités de recouvrement des impositions de toutes natures ;
- le régime d'émission de la monnaie ; les emprunts et engagements financiers de l'État ;
- la création des entreprises, établissements et organismes publics ;
- le statut de la fonction publique ; l'armée, la police et les services de sécurité ;
- le droit du travail et de la sécurité sociale ;

- l'organisation générale de la défense et de la police nationale, le mode de recrutement des membres des forces armées et de la police nationale, l'avancement, les droits et obligations des militaires et des personnels de police.

Dans cette catégorie, il conviendrait d'ajouter les lois des finances qui déterminent, selon l'article 12, les ressources et les charges de l'État. Le projet de loi de finances de l'année, qui comprend notamment le budget, est déposé par le Gouvernement sur le Bureau de l'Assemblée nationale, au plus tard le premier lundi du mois d'octobre de chaque année. Si le projet de loi de finances, déposé dans les délais constitutionnels, n'est pas voté avant l'ouverture du nouvel exercice, il est mis en vigueur par le Président de la République sur proposition du Gouvernement délibéré en Conseil des ministres, compte tenu des amendements votés par l'Assemblée nationale.

Dans la deuxième catégorie, la Loi fixe les principes fondamentaux concernant les matières suivantes :

- la libre administration des collectivités territoriales, de leurs compétences et de leurs ressources ;
- le régime foncier et minier ;
- la mutualité et l'épargne ;
- l'enseignement et la santé ;
- le régime pénitentiaire ;
- le pluralisme politique et syndical ;
- le droit de grève ;
- l'organisation des médias ; la recherche scientifique ; la coopérative ; la culture et les arts ; les sports et loisirs.

Suivant les prescrits de l'article 120, les matières autres que celles qui sont du domaine de la loi ont un caractère réglementaire. Il y est aussi disposé que « les textes à caractère de loi intervenus en ces matières peuvent être modifiés par décret si la Cour suprême de justice, à la demande du Gouvernement, a déclaré qu'ils ont un caractère réglementaire. »

2.7. Les immunités parlementaires

L'irresponsabilité du parlementaire est une immunité de procédure. Il s'agit d'une protection pénale ayant pour objet de garantir le Parlementaire pris en qualité d'individu contre les poursuites pénales abusives ou vexatoires intentées contre lui à raison de faits étrangers à l'exercice du mandat[122]. Il faut souligner que cette prérogative n'opère pas en cas de flagrant délit. La levée de celle-ci est de la compétence de la Chambre concernée qui doit apprécier si les poursuites n'ont pas pour objet de soustraire intentionnellement et abusivement le Parlementaire à l'exercice de son mandat.

Sous la coupe de la Constitution du 4 avril 2003, le régime de l'irresponsabilité du député ou du sénateur était organisé par l'article 145. Il ressort de l'économie de cet article les considérations suivantes, selon qu'il s'agit des périodes de session ou non.

En période de session : « Aucun Député ni aucun Sénateur ne peut, pendant la durée des sessions, être poursuivi ou arrêté, sauf en cas de flagrant délit, qu'avec l'autorisation de l'Assemblée nationale ou du Sénat selon le cas » (article 145. Alinéa 2).

En d'autres termes, les poursuites et les prises de corps (arrestations) ne peuvent être réalisées que dans deux cas spécifiques :

- L'autorisation préalable de la Chambre concernée
- Le cas *in fraganti* : Il s'agit de l'arrestation du Parlementaire seulement au moment où l'infraction est commise. Ni avant ni après. Cette circonstance permet d'éviter l'évasion du coupable de délit ou l'occultation des preuves. Les cas de *quasi in fraganti* ne sont pas admis.

Cependant, même pris *in franganti*, les autorités policières nécessitent une autorisation de la Chambre concernée pour continuer les poursuites. Il existe donc logiquement une obligation d'informer les chambres de la détention réalisée et de solliciter l'autorisation des poursuites.

---

122 Avril P. et Gicquel J. *Op Cit.* p. 50.

En dehors des sessions : « *Hors session, un Député ou un Sénateur ne peut être arrêté qu'avec l'autorisation du Bureau de l'Assemblée nationale ou du Bureau du Sénat, sauf en cas de flagrant délit, de poursuites autorisées ou de condamnation définitive* ». (Article 145, alinéa 3)

Dans cette hypothèse, la prise de corps est conditionnée par les circonstances ci-après :

- L'autorisation du bureau
- Le cas de flagrant délit.
- Conformément aux poursuites autorisées par les Chambres.
- De condamnation définitive

De plus, cette disposition constitutionnelle habilite l'Assemblée concernée à requérir et obtenir la suspension de l'action publique déjà engagée. Il faut aussi préciser que l'irresponsabilité pénale court à partir du moment de la proclamation de l'élection et ses effets persistent tout au long du mandat.

Par ailleurs, l'article 145 alinéa 1 se réfère au régime de l'inviolabilité des parlementaires : « *un Député ou un Sénateur ne peut être poursuivi, recherché, arrêté, détenu ou jugé à l'occasion des opinions ou votes émis par lui dans l'exercice de ses fonctions* ». L'inviolabilité couvre le Parlementaire à raison des actes accomplis dans le cadre du mandat. Son objectif consiste à protéger le Parlementaire contre toute possible incursion légale (pénale, civile ou disciplinaire) comme conséquence de sa contribution au travail parlementaire. Il s'agit donc d'une protection juridique qui empêche l'activation processuelle basée sur les opinions et manifestations réalisées dans l'exercice de la fonction. Cette protection du Parlementaire couvre seulement les actes directement rattachables à l'exercice du mandat. Ainsi elle s'étend aux propos et votes en séances, en commission, au sein des groupes, aux rapports et propositions, aux activités parlementaires et aux missions.

3. Des incompatibilités

Les articles 137 à 140 organisent les régimes des incompatibilités des membres du gouvernement et des membres des assemblées parlementaires.

3.1. Les membres du gouvernement

- Les fonctions de Président de la République sont incompatibles avec l'exercice de tout autre mandat politique ou fonction publique ou d'une activité privée rémunérée ou à caractère lucratif, à l'exception des de missions dans le cadre des organisations et organismes internationaux.
- Les fonctions de Vice-président sont incompatibles avec l'exercice de tout autre mandat politique ou fonction publique ou d'une activité privée rémunérée ou à caractère lucratif.
- Les fonctions de membre du Gouvernement sont incompatibles avec le mandat de Député, de Sénateur et de tout autre emploi public ou privé rémunéré.

3.2. Les députés et sénateurs

- Le mandat de Député est incompatible avec le mandat de Sénateur et vice-versa.
- Le mandat de Député ou de Sénateur est incompatible avec les fonctions ou mandats de :
  - Membre des institutions d'appui à la démocratie ;
  - Membre des forces armées et des forces de l'ordre et de sécurité ;
  - Magistrat ;
  - Agent de carrière des services publics de l'État ;
  - Cadre politico-administratif de la territoriale, à l'exception des chefs de collectivité-chefferie et de groupement ;
  - Mandataire public ;
  - Membre des cabinets du Président de la République, des Vices- présidents, du Président de l'Assemblée nationale, du Président du Sénat, des ministres, des vice-ministres, des Présidents des Institutions d'appui

à la démocratie, et généralement d'une autorité politique ou administrative de l'État ;
  - Employé dans une entreprise publique ou dans une société d'économie mixte ;
- Le mandat de Député ou de Sénateur est incompatible avec l'exercice de fonctions rémunérées conférées par un État étranger ou un organisme international.

4. La responsabilité pénale des membres du gouvernement

La théorie du droit constitutionnel distingue deux types d'immunités : l'irresponsabilité et l'inviolabilité. L'irresponsabilité est une immunité de fond en vertu de laquelle, le bénéficiaire de l'immunité n'a pas à répondre des actes accomplis dans l'exercice de ses fonctions. L'inviolabilité est une immunité de procédure, protégeant le titulaire d'une qualité officielle à l'égard des poursuites judiciaires et de toute mesure privative ou restrictive de liberté.

4.1. La responsabilité pénale du Président de la République et des vice-présidents

Généralement, dans la détermination de l'étendue de l'immunité accordée à une fonction, la doctrine et la jurisprudence établissent une distinction nette entre d'une part les actes liés à l'exercice des fonctions (*acta de jure imperi)* et les actes privés *(acta de jure gestionis),* c'est-à-dire, les actes détachables de l'exercice du mandat.

Sous la coupe de la Constitution du 4 avril 2003, l'immunité pénale du président de la République et des vices-présidents était prévue par l'article 141 de la Constitution. Elle s'étend tant aux actes rattachables comme aux actes non rattachables à leurs fonctions. Ils n'étaient pénalement responsables des actes accomplis dans l'exercice de leurs fonctions « que en cas de haute trahison, détournement de deniers publics, concussion, corruption ou violation intentionnelle de la Constitution ». De toutes ces 5 incriminations rattachables à la fonction, seule la « haute trahison » est précisée à l'article 143. Il se réfère aux actes qui portent « atteinte à l'indépendance nationale ou à l'intégrité du territoire national » ou lorsque ces autorités « se substituent ou tentent de se substituer aux autres pouvoirs constitutionnels ou de les empêcher d'exercer les attributions qui lui sont dévolues par la présente Constitution. »

Par ailleurs, la responsabilité pénale en rapport avec les actes détachables de l'exercice du mandat est soumise, très généralement, à un régime dérogatoire. Dans certains pays, aucune procédure ne peut commencer en cours de mandat sans l'accord du législateur et, dans les autres, les infractions commises hors de l'exercice des fonctions présidentielles ne peuvent être jugées qu'après la fin du mandat[123]. L'alinéa 2 de l'article 142 suit cette logique et règle la situation des infractions détachables de la fonction des présidents et des vices- présidents (« toute autre infraction pénale commise en dehors de l'exercice de leurs fonctions »). Les poursuites et la mise en accusation du Président et des vice-présidents, tant pour des actes rattachables ou des actes détachables de la fonction propre de l'espace présidentiel, sont conditionnées par le vote positif de l'Assemblée nationale se prononçant à la majorité des trois quarts des membres la composant. L'article 143 alinéa 2 ajoute qu'*« Une loi organique détermine les peines applicables aux infractions de haute trahison et de violation intentionnelle de la Constitution, ainsi que la procédure à suivre devant la Cour suprême de justice »*.

4.2. La responsabilité pénale des autres membres du gouvernement

Les autres membres du gouvernement sont soumis au même régime de responsabilité pénale que le Président et le vice- président, même si cette question est réglée dans un autre article, le contenu étant le même. Il s'agit de l'article 144.

---

[123] Voir à ce sujet, l'étude de législation comparée sur la responsabilité pénale des chefs d'État et de gouvernement élaborée par le service des affaires européennes du sénat en septembre 2001 (http://www.senat.fr/lc/lc92/lc92.html).

5. Les rapports entre le pouvoir exécutif et le pouvoir législatif

Les rapports entre le pouvoir exécutif et le pouvoir législatif sont définis par les articles 110, 111, 112 de la Constitution du 4 avril 2003. Cependant, il sied de préciser que les articles 73 et 74 la Constitution sous examen font intervenir le Président de la République, le Conseil de ministres ainsi que les deux chambres du parlement dans certaines procédures à différentes étapes. C'est le cas de l'article 134 se référant à la déclaration de guerre qui dispose que « *le Président de la République déclare la guerre sur décision du Conseil des ministres après avis conforme du Conseil supérieur de la défense et autorisation de l'Assemblée nationale et du Sénat.* » C'est également le cas de l'article 135 définissant la procédure concernant la proclamation de l'état d'urgence ou de l'état de siège. En effet, l'état de siège, comme l'état d'urgence, « *est décrété par le Président de la République sur décision du Conseil des ministres après avis conformes du Conseil supérieur de la défense ainsi que de l'Assemblée nationale et du Sénat. L'Assemblée nationale et le Sénat se réunissent alors de plein droit. S'ils ne sont pas en session, une session extraordinaire est convoquée à cet effet, conformément à l'article 115 de la présente Constitution* ».

L'article 110 stipule que « le Président de la République communique avec l'Assemblée nationale et le Sénat par des messages qu'il prononce ou fait lire et qui ne donnent lieu à aucun débat ».

En outre, aux termes de l'article 111, les membres du gouvernement ont accès à l'Assemblée nationale et au Sénat ainsi qu'à leurs commissions, ils ont l'obligation d'assister, s'ils en sont requis, aux séances de l'Assemblée nationale et à celles du Sénat, d'y prendre la parole et de fournir aux parlementaires toutes les explications qui sont demandées sur leurs activités.

Par ailleurs, l'article 112 de la Constitution sous examen définit les moyens de contrôle et d'information sur le gouvernement, les entreprises publiques, les établissements et services publics. Il convient de préciser que ce contrôle parlementaire a essentiellement trois objectifs : vérifier l'accomplissement de la Constitution et des lois de la République, vérifier leur ajustement au programme de la majorité parlementaire, amener le Gouvernement à rectifier ses orientations si on constate une certaine déviation. Ce type de contrôle implique à tous égards une perspective d'influence sur l'activité gouvernementale, car il ne s'agit pas d'une simple activité de vérification, mais de critique passible des sanctions politiques.

De plus, il faut établir une distinction entre la requête d'information et la fonction de contrôle. En effet, l'activité de contrôle requiert d'être en possession de l'information nécessaire sur les aspects et le développement de l'activité gouvernementale. Ces informations permettent d'évaluer la justesse des agissements des membres de l'équipe gouvernementale par rapport aux alternatives en présence. Le Parlement dispose de ses propres structures, chargées de fournir l'information requise, mais l'initiative de l'information peut provenir du Gouvernement lui-même. Les commissions peuvent demander aux ministres de leur communiquer les renseignements dont ils ont besoin, soit pour l'examen des projets de loi qui leur sont soumis, soit plus généralement pour accomplir leur mission. Elles peuvent demander l'audition de tel ministre ou de tel haut fonctionnaire ou encore de telle personne dont elles jugent l'opinion importante[124].

L'article 112 alinéa 2 détermine les moyens de contrôle disponibles pour exercer le contrôle sur le gouvernement, les entreprises, établissements et services publics. Il s'agit de :

- la question orale ou écrite avec ou sans débat non suivi de vote ;
- la question d'actualité ;
- l'interpellation ;
- la commission d'enquête ;
- l'audition par les Commissions.

Il convient de préciser que ces moyens de contrôle ne peuvent pas donner lieu à la censure du gouvernement (article 112 alinéa 3). Le Président de la République ne pouvait dissoudre le Parlement.

124 Guchet Y. *op. cit.* p. 174.

III. Le pouvoir judiciaire

Le pouvoir judiciaire était organisé aux articles 146 à 153 de la Constitution du 4 avril 2003.

D'emblée, l'article 147 proclame l'indépendance du pouvoir judiciaire par rapport aux pouvoirs législatif et exécutif. Suivant la tradition républicaine, le Président de la République reste le garant de l'indépendance du pouvoir judiciaire. « Il est assisté, à cet effet, par le Conseil supérieur de la magistrature. » En sus, cette disposition précise également que « *le pouvoir judiciaire est le garant des libertés individuelles et des droits fondamentaux des citoyens. Les juges ne sont soumis dans l'exercice de leurs fonctions qu'à l'autorité de la loi* ».

En vertu de l'article 148, le pouvoir judiciaire est exercé par la Cour suprême de justice, les Cours d'appel et les cours et tribunaux civils et militaires ainsi que les Parquets. Les Cours et tribunaux civils et militaires ainsi que les Parquets près ces juridictions ne peuvent être institués qu'en vertu de la loi.

La Constitution reconnaît à la Cour suprême de justice les compétences suivantes :

- **Le contrôle de la constitutionnalité des lois** : elle connaît, par voie d'action et par voie d'exception, de la constitutionnalité des lois et des actes ayant force de loi, ainsi que des recours en interprétation de la Constitution de la transition.
- **Le contentieux électoral** : Elle est la juge du contentieux des élections présidentielles et législatives, ainsi que du référendum.
- **Le pourvoi en cassation** : Elle connaît des pourvois en cassation formés contre les arrêts et jugements rendus en dernier ressort par les Cours et tribunaux civils et militaires, ainsi que des recours en annulation des actes et décisions des autorités centrales de la République. « *En cas de renvoi, après cassation, les cours et tribunaux civils et militaires sont tenus de se conformer à l'arrêt de la Cour suprême de justice sur le point de droit qui a été jugé* ».
- **Émettre des avis** : elle donne des avis sur les projets ou propositions de loi ou d'actes réglementaires dont elle est saisie.

- **Le contentieux pénal** : Elle juge en premier et dernier ressort le Président de la République, les Vice-présidents, les Députés, les Sénateurs, les Ministres et Vice-ministres, ainsi que les Présidents et les membres des Institutions d'appui à la démocratie.

IV. Les institutions d'appui à la démocratie

Les nouvelles constitutions africaines issues du regain démocratique des années 1990 ont établi certaines institutions chargées de superviser et gérer le processus électoral, de contrôler le respect de la liberté d'expression et veiller à l'égal accès de toutes les opinions politiques aux médias audiovisuels publics, et de promouvoir les règles d'éthique et lutter contre la corruption. Ces institutions ont pour missions respectives de garantir la neutralité et l'impartialité dans l'organisation d'élections libres ; d'assurer la neutralité des médias ; de promouvoir et protéger les droits de l'Homme et de favoriser la pratique des valeurs morales et républicaines.

Elles jouissent de l'indépendance d'action entre elles et par rapport aux autres institutions de la République ; et dispose chacune d'une personnalité juridique propre. Pour être effectives, cependant, les garanties constitutionnelles d'une meilleure participation politique devront être accompagnées par une mise en œuvre législative.

L'article 154 de la Constitution sous examen établit cinq (5) institutions d'appui à la démocratie :

- la Commission électorale indépendante ;
- l'Observatoire national des droits de l'Homme ;
- la Haute autorité des médias ;
- la Commission-vérité et réconciliation ;
- La Commission de l'éthique et de la lutte contre la corruption.

Elles étaient présidées par les représentants de la Composante « Forces vives de la Nation », conformément aux dispositions pertinentes de l'Accord global et inclusif. Les autres Composantes et Entités du Dialogue intercongolais faisaient partie de leurs Bureaux respectifs. Les Présidents des Institutions d'appui à la démocratie avaient rang de ministre conformément au prescrit du point V 4 c de l'Accord global et inclusif. En vertu de l'article 159, les Présidents et les membres des Institutions d'appui à la démocratie étaient désignés pour toute la durée de la transition.

V. Le régime politique issu de l'Accord global et inclusif à la lumière de la théorie générale du droit constitutionnel

L'alinéa 4 du préambule exprime clairement la détermination du constituant de 2003 d'édifier « un État de droit durable fondé sur le pluralisme politique, la séparation des pouvoirs entre l'exécutif, le législatif et le judiciaire ». Cette disposition constitutionnelle s'inspire du quatrième principe de l'Accord global et inclusif qui énonce que « les institutions de la transition reposeront sur le principe de la séparation des pouvoirs entre l'exécutif, le législatif et le judiciaire ». On assiste dès lors à une réintroduction d'un principe constitutionnel qui a été banni du champ lexique et de l'univers mental du régime AFDL. Le constituant de Sun City s'est évertué à ériger des « remblais, des digues et des barrages, pour s'assurer qu'aucun des pouvoirs ne sorte de son lit pour submerger les autres[125] ».

Comme on le sait, la théorie de la séparation des pouvoirs postule que les attributs de la souveraineté considérés comme incontestablement distincts doivent être délégués par la nation à des titulaires divers et indépendants les uns des autres[126]. Dans la conception de Montesquieu, l'objectif de cette disposition consistait à instituer des garde-fous contre la tendance naturelle à l'abus de pouvoir. En effet, pour qu'on ne puisse pas abuser du pouvoir, il faut par la disposition des choses que le pouvoir arrête le pouvoir. L'équilibre des pouvoirs doit permettre, sur le plan juridique, d'éviter que l'un d'eux ne s'empare, en cumulant

---

[125] Holo, T. « La présidence impériale : du Potomac au Sahel », *Revue béninoise de sciences juridiques et administratives*, n° 9- décembre 1987, p. 5.

[126] Esmein A (2001). *Éléments de Droit constitutionnel français et comparé*, Paris : Éditions Panthéon Assads, p. 451.

l'exercice des trois, d'une souveraineté qui n'appartient qu'à la Nation, et sur le plan politique d'empêcher les abus qu'un titulaire unique ne manquerait pas de faire de ses pouvoirs et qui seraient extrêmement dangereux pour les libertés des citoyens[127].

La Constitution de 2003 assure un retour à l'équilibre de puissance entre les acteurs politiques et entre les institutions. C'est aussi cette philosophie de « *Checks and balance* » qui s'est prolongée au travers du principe de « partage équitable et équilibré » dans la composition des organes de transition.

En guise d'exemple pour visualiser cette philosophie des contrepouvoirs constitutionnels, nous pouvons citer le mode de fonctionnement de « l'espace présidentiel » et du gouvernement de transition. En effet, conformément aux articles 81 et 82 de la Constitution de 2003, le Président de la République était confronté au sein de la Présidence de la République d'une part à un pluralisme politique découlant des ex-mouvements politico - militaires devenus MLC et RCD et d'autre part au niveau du Conseil de ministres à un pluralisme de tendances formé des entités et composantes[128]. Les actes juridiques du Président de la République concernant la gestion de l'État étaient préalablement débattus en Conseil des ministres après avoir été traités dans les commissions gouvernementales, puis dans les réunions restreintes de la présidence. On peut donc affirmer que le Président de la République s'est trouvé juridiquement et politiquement encadré de telle sorte qu'il n'a pu facilement manipuler ni la présidence ni le gouvernement.

Par ailleurs, le trait caractéristique du régime politique issu de l'Accord global et inclusif et entériné dans la Constitution du 4 avril 2003 est, sans nul doute, l'institution de « l'espace présidentiel », le quintette communément connu comme « 1 +4 », comprenant le président Josèphe Kabila et quatre vice-présidents, qui assumaient les prérogatives du pouvoir exécutif. Cette formule ingénieuse était conçue pour répondre à un double défi de la transition démocratique : d'abord, le besoin d'un certain

---

[127] Pactet, P. (1999). *Institutions politiques et Droit constitutionnel*, Paris : Armand Colin, p. 111.

[128] Art. 89 alinéa 3. « Les portefeuilles ministériels sont répartis entre les Composantes et Entités du Dialogue intercongolais dans les conditions et selon les critères déterminés dans l'Annexe I A de l'Accord global et inclusif ».

équilibre des pouvoirs entre les forces belligérantes réunies à Sun City, allant dans le sens d'un contrôle et un contrepoids réciproques entre les « frères ennemis » d'hier dans la gestion de toutes les matières gouvernementales. Ensuite, le besoin d'une stabilité politique, l'effort pour l'intégration nationale et la restauration de l'autorité de l'État sur toute l'étendue du territoire national, qui constituent, *grosso modo*, les objectifs de la transition, exigeaient un compromis de mutualisation entre les ex-belligérants.

Cette note majeure du profil constitutionnel de « l'espace présidentiel » révèle en même temps la difficulté pour classifier ce régime 1 +4 dans les grilles des régimes politiques classiques de la théorie générale du droit constitutionnel. Dans une perspective historique, on peut détecter quelques éléments de similitude avec le régime du Directoire tel que pensé dans la Constitution du 5 fructidor an III (22 août 1795)[129]. Organe exécutif collégial, composé de cinq membres, nommé pour cinq ans et choisi par le Conseil des Anciens sur une liste de dix noms présentés par le Conseil des cinq-cents, le Directoire était régi par le principe d'égalité entre ses membres pour éviter la dictature d'un des directeurs. Ayant des attributions importantes, ceux-ci exerçaient la plénitude du pouvoir exécutif, tandis que les ministres n'étaient que de simples agents d'exécution, sans pouvoir politique (au sens de l'administration). Le Corps législatif (le Conseil des Anciens et le Conseil des cinq-cents) n'avait aucun moyen d'action sur le Directoire et ne pouvait le renverser, car il était essentiel de prémunir le régime contre la dictature de l'Assemblée.

Ces aspects d'une stricte séparation des pouvoirs élagués dans la Constitution de l'An III ne sont pas repris strictement dans la Constitution du 4 avril 2003. On y décèle par contre des mécanismes de collaboration entre le pouvoir exécutif et le pouvoir législatif car, le Gouvernement était politiquement responsable devant l'Assemblée nationale. Ceci ressort de

---

129 Voir à ce sujet, Machelon, J. (1999). La Constitution du 5 fructidor an III (22 août 1795) : archaïsme ou modernité ? Dans : Gérard Conac (Ed), *La Constitution de l'an III : Boissy d'Anglas et la naissance du libéralisme constitutionnel*, Paris : Presses universitaires de France, pp. 29-37. https://doi-org.proxy.bibliotheques.uqam.ca/10.3917/puf.conac.1999.01.0029"

l'article 95 alinéa 1 de la Constitution de transition qui dispose que : « *le Gouvernement est pleinement responsable de la gestion de l'État et en répond devant l'Assemblée nationale dans les conditions définies par la présente Constitution.* » Ceci nous induirait à penser qu'il s'agissait d'un régime parlementaire atypique. Or, ce contrôle politique exercé par l'Assemblée nationale ne pouvait nullement aboutir à un renversement du gouvernement. L'alinéa 2 du même article 95 est très clair : « Toutefois, pendant toute la durée de la transition, l'Assemblée nationale ne peut renverser le Gouvernement ni par le rejet d'une question de confiance ni par l'adoption d'une motion de censure. » Et, vice-versa, le Président de la République ne pouvait pas dissoudre l'Assemblée nationale.

À partir de ces éléments d'ambiguïté, nous pouvons conclure qu'il s'agissait d'un régime *sui generis*.

CONCLUSION

La transition démocratique en RD Congo est, à ce jour, une expérience très intéressante tant du point de vue des sciences politiques que du droit constitutionnel pour trois raisons principales. Elle est d'abord, par rapport à son extension temporelle, une de plus longues périodes de transition politique qui peut se diviser, au regard des faits politiques et des acteurs mobilisés en trois grandes périodes : 1) la transition manquée (1990-1997)[130], 2) la transition autoritaire (1997-2003), 3) la transition négociée, inclusive et réussie (2003- 2006). Ensuite, elle retient le record des textes constitutionnels régissant la période transitoire : 5 textes constitutionnels au total. Elle est également marquée par une suite incessante de gouvernements de transition avec 10 Premiers- ministres au total (respectivement, Lunda Bululu, Mulumba Lukoji, Tshisekedi 1, Mungul Diaka, Nguz Karl I Bond, Tshisekedi bis, Birindwa, Tshisekedi ter, Kengo et Likulia). Enfin, elle a expérimenté presque tous les modes de transition démocratique élaborés par la science politique : La transition par la reforme — imposée par la Conférence nationale souveraine sans recours à la force —, la transition imposée — décision unilatérale des élites par la force (la restauration mobutiste par l'Acte constitutionnel harmonisé ainsi la dictature de la transition kabiliste) et enfin la transition pactée (compromis multilatéral des élites à travers l'Accord global et inclusif de Sun City).

---

[130] De Villiers, G. et Omasombo, J. (1998). *Zaïre la transition manquée 1990-1997*, Cahiers n° 27-28-29, Paris : Harmattan.

Cette multiplicité des textes suggère de la nature conflictuelle et fluctuante de la transition congolaise ainsi que de l'instabilité institutionnelle qui a marqué cette période historique. À la litanie des gouvernements de transition, il faut ajouter le phénomène de dédoublement continu d'institutions, d'une croissance prolifique de familles et d'alliances politiques, d'une multiplication et d'une dislocation maladives de partis politiques et d'organisations de la société civile[131].

Ces éléments qui ont défini et caractérisé ce processus politique congolais permettent non seulement de saisir et de contextualiser l'expérience congolaise dans sa spécificité et dans sa singularité, mais également de « situer » ce cas d'étude dans le contexte global et africain des dynamiques de la « troisième vague de la démocratisation[132] ». En effet, l'expérience congolaise de la transition démocratique fournit des pistes intéressantes dans l'analyse des processus de démocratisation des régimes politiques africains. Cette expérience réaffirme l'importance d'appréhender singulièrement deux variables interdépendantes pour comprendre et anticiper le cours d'une transition à la démocratie : d'une part, l'analyse des rapports de force entre les différents acteurs mobilisés dans ce processus, notamment de la position des tenants du pouvoir (en crise), d'autre part, l'analyse spécifique des contraintes structurelles ayant cristallisé et matérialisé les revendications démocratiques. En réalité, ce sont ces contraintes qui influencent la nature et la qualité des interactions entre les acteurs et déterminent les marges de manœuvre dont disposent les protagonistes du jeu politique.

Ainsi, la conjugaison et l'équilibre de ces deux variables — stratégies des acteurs et contraintes structurelles de crise — trouvent très souvent leur reflet dans le texte constitutionnel transitoire, puisque la Constitution est l'outil qui permet à la fois d'encadrer ce passage à la démocratie et de fixer les règles à suivre une fois qu'il est amorcé. Dans ce sens, la Constitution de

---

[131] Ya Rubango, N. « L'agonie de la Deuxième République », *Revue canadienne des Études africaines,* Vol. 33, No. 2/3, Special Issue : French-Speaking Central Africa: Political Dynamics of Identities and Representations (1999), pp. 696-704.

[132] Huntington, S.P (1991), *The Third Wave: Democratization in the Late. Twentieth Century*, Norman: University of Oklahoma Press.

transition visualise non seulement l'ampleur de la contestation contre le régime autoritaire, mais également l'issue des négociations entre les forces politiques mobilisées dans la crise ayant délégitimé le pouvoir autoritaire en place. Prise sous ce prisme, la Constitution devient une pièce fondamentale pour analyser et comprendre certains fondements et les chances de la consolidation des institutions du nouvel ordre post-autoritaire.

Il est tout particulièrement intéressant de faire dialoguer le droit constitutionnel de transition avec le processus de transformation des régimes autoritaires. On comprend dès lors, à partir des vicissitudes de la transition congolaise, que l'écriture des constitutions transitoires est confrontée au double défi de traduire la rupture avec constitutionnalisme autoritaire révolu et rédhibitoire tout en donnant les gages d'un avenir démocratique et libéral. Il en résulte que le passage au constitutionnalisme postautoritaire implique des écueils à évincer et des défis non les moindres. Ces défis touchent non seulement aux enjeux politiques, sociaux et sociétaux et bien sûr, aux spécificités nationales qui doivent parvenir à être intégrées au texte constitutionnel, mais également, aux conditions de production de la nouvelle constitution définitive et aux options fondamentales du nouveau régime politique à instituer.

BIBLIOGRAPHIE

TEXTES A PORTÉE CONSTITUTIONNELLE ET DOCUMENTS RÉSULTANT DES NÉGOCIATIONS POLITIQUES SUR LA GESTION DE LA TRANSITION (1997-2003)

- Acte constitutif n° 91-097 du 11 avril 1991 portant création et composition de la Conférence nationale. https://mjp.univ-perp.fr/constit/cd1991.htm#1
- Acte fondamental proclamant la souveraineté de la Conférence nationale (5 mai 1992).
https://mjp.univ-perp.fr/constit/cd1991.htm#1
- Acte portant dispositions constitutionnelles relatives à la période de la transition élaborée par la Conférence nationale et non promulgué par le Président de la République
- Acte constitutif du compromis politique global de la transition (30 juillet 1992).
https://mjp.univ-perp.fr/constit/cd1991.htm#3
- Acte constitutionnel harmonisé relatif à la période de transition. (Loi numéro 93-001 du 2 avril 1993. Journal officiel de la République du Zaïre. 34e année. Numéro spécial. Avril 1993)
- Acte constitutif de l'Arrangement particulier relatif au partage équitable et équilibré du pouvoir pendant la période de transition, 16 juin 1994.
https://mjp.univ-perp.fr/constit/cd1991.htm#1
- *Rapport final des Concertations du Palais du Peuple*(Inédit)
- *Acte constitutionnel de la transition du 9 avril 1994*, Journal officiel de la République du Zaïre (35e année), n° spécial, avril 1994.

- Loi n° 95-004 du 6 juillet 1995, portant révision de l'article 117 de l'Acte constitutionnel de la Transition.
- Décret-loi n° 003 du 27 mai 1997 relatif à l'organisation et à l'exercice du pouvoir en République démocratique du Congo
- Décret-loi constitutionnel n° 074 du 25 mai 1998 modifiait le Décret-loi constitutionnel n° 003 du 27 mai 1997 relatif à l'organisation et à l'exercice du pouvoir en République démocratique du Congo
- Décret-loi constitutionnel n° 122 du 21 septembre 1998 portant modification du Décret-loi n° 003 du 27 mai 1997 relatif à l'organisation et à l'exercice du pouvoir en République démocratique du Congo (JORDC, 39e année, n° 19, 1 octobre 1998).
- Décret-loi constitutionnel n° 180 du 10 janvier 1999 modifiant et complétant le Décret-loi constitutionnel n° 003 du 27 mai 1997 relatif à l'organisation et à l'exercice du pouvoir en République démocratique du Congo (JORDC, numéro spécial, février 1999, pp. 6-7).
- Décret-loi constitutionnel n° 096/2000 du 1er juillet 2000 (JORDC, n° spécial, 1er juillet 2000, pp. 3-14).
- Décret n° 121/2000 modifiant et complétant les décrets n° 097/2000 du 1er juillet 2000 et n° 103/2000 du 6 juillet 2000 portant nomination des membres de l'Assemblée constituante et législative-Parlement de transition. Voir aussi Décret n° 105/2000 portant nomination du Bureau de l'Assemblée constituante et législative/Parlement de transition.
- Constitution de la transition du 4 avril 2003, Journal Officiel de la République Démocratique du Congo, 44e Année, Numéro Spécial du 5 avril 2003

OUVRAGES

- Avril P. et Gicquel J. (2014). *Droit Parlementaire*, 5e es, Paris : Domat.
- Banégas, R. (2003). *la démocratie à pas de caméléon : Transition et imaginaires politiques au Bénin*, Paris : Karthala
- Besse, M. (1998). *La Conférence nationale souveraine, un pouvoir constituant original*, Faculté de Droit de Clermont-Ferrand. CERDES.
- Bourdieu, P (2000). *Propos sur le champ politique*, Lyon : Presses universitaires de Lyon.

- Bratton, M. et Van De Walle, N. (1997), *Democratic Experiments in Africa, Regime Transitions in Comparative Perspective,* Cambridge : Cambridge University Press.
- Bureau d'Études et de Recherches Consulting international — BERCI — (2001). *Les leçons à tirer de la conférence nationale souveraine et ses implications pour le dialogue intercongolais* Kinshasa : BERCI. https://www.ndi.org/sites/default/files/1296_cd_natconf2001_0.pdf
- Carré de Malberg R. (1922), *Contribution à la théorie générale de l'État* ; Paris : Sirey (réimpression par CNRS 1962).
- Cot, J. P et Mounier, J. P (1974). *Pour une sociologie politique*, tome 1, Paris : Seuil.
- De Villiers, G. et Omasombo, J. (1998*). Zaïre la transition manquée 1990-1997*, Cahiers n° 27-28-29, Paris : Harmattan.
- Djoli Eseng'Ekeli, J. (2013). *Droit constitutionnel. L'expérience congolaise (RDC),* Paris : L'Harmattan.
- Duverger, M. (1965). *Les régimes politiques*, Paris : Presses universitaires de France.
- Esmein A (2001). *Éléments de Droit constitutionnel français et comparé*, Paris : Éditions Panthéon Assads.
- Gazibo, M. (2005). *Les paradoxes de la démocratisation en Afrique. Analyse institutionnelle et stratégique*, Montréal : Presses universitaires de Montréal.
- Gazibo, m (2010). *Introduction à la politique africaine.* Montréal : Presses de l'Université de Montréal. http://books.openedition.org/pum/6371
- Gbanda Za mboko Atumba, H (1993) : *La problématique de la souveraineté des conférences nationales souveraines d'Afrique* », Kinshasa.
- Giddens, A. (1987), *Sociology. À Brief but Critical Introduction,* New York : Harcourt, Brace, Jovanovich.
- Guchet Y. (1996). *Droit parlementaire*, Paris : Economica.
- Huntington, S.P (1991), *The Third Wave: Democratization in the Late. Twentieth Century*, Norman: University of Oklahoma Press.
- International Crisis Group (2002), *Temps couvert sur Sun City : la refondation nécessaire du processus de paix congolais,* ICG Rapport Afrique N° 44, Bruxelles/Nairobi. https://reliefweb.int/sites/reliefweb.int/files/resources/5B820B355189730E85256BB9005BE359-icg-drc-14may.pdf
- Kaluba Dibwa, D. (2010), *Du contentieux constitutionnel en RDC. Contribution à l'étude des fondements et des modalités d'exercice*

de la justice constitutionnelle, Université de Kinshasa, Thèse de doctorat en droit.

- Linz, J et Stepan, A. (1978), *The Breakdown of Democratic Regimes: Crisis, Breakdown and Reequilibration*, Baltimore/Londres, Johns Hopkins University Press.
- Lumuna Sando, K (1998). *Pouvoir et Libertés : la transition au Congo-Zaïre*, Kinshasa : Éditions Secco.
- Maidor Fall, I. (2008) : *le pouvoir exécutif dans le constitutionnalisme des États d'Afrique*, Paris : L'Harmattan.
- Martens, L. (2000) A*nalyse de l'Accord de Lusaka et de ses pièges. Les plans américains pour la division et la mise sous tutelle du Congo.* https://repositories.lib.utexas.edu/bitstream/handle/2152/5172/2479.pdf?sequence=1
- O'Donnell G. et Schmitter, PC (1986) *Authoritarian Rule : Tentative Conclusions about Uncertain Democracies*, Baltimore : Johns Hopkins University Press.
- Pactet P. (1999). *Institutions politiques et Droit constitutionnel*, Paris : Armand Colin.
- Parsons, T. (1951). *Social System*, Glencoe: Free Press.
- Prelot, M. (1949). *Précis de droit constitutionnel*, Paris : Dalloz.
- Przeworski, A. (1991), *Democracy and the Market: Political and Economic Reforms in Eastern Europe and Latin America*, Cambridge: Cambridge University Press.
- Weber, M (1971). *Economía y sociedad*, La Habana: Éditorial de Ciencias Sociales.
- Willame, J-C (1999), *l'odyssée Kabila. Trajectoire pour un Congo nouveau ?* Collection : Les Afriques, Paris : Éditions Karthala.

ARTICLES DES REVUES SCIENTIFIQUES

- Akindès, F. (1996), *les mirages de la démocratie en Afrique subsaharienne francophone*, Paris : Karthala.
- Asso B. « La Présidence et l'institutionnalisation du pouvoir en Afrique noire », *Revue française d'histoire d'outre-mer*, tome 68, n° 250-253, Année 1981. État et société en Afrique Noire. Pp. 217-232.
- Balandier, G. « Réflexions sur le fait politique : le cas des sociétés africaines », *Cahiers internationaux de sociologie*, vol. 37, juillet-décembre 1964, pp. 23-50.

- Bayart, J.-F. (2000), «Africa in the World: A History of Extraversion», *African Affairs*, 99, Issue 395, 1 April 2000, pp. 217-267.
- Braeckman, C. « La mort de Kabila : nouvelle donne dans la guerre en RDC », *Politique africaine* N° 82, 2001 (2), pp. 151 à 159.
- Cartier, E. (2007). « Les petites Constitutions : contribution à l'analyse du droit constitutionnel transitoire », *Revue française de droit constitutionnel*, 71 (3), pp. 513-534. https://doi-org.proxy.bibliotheques.uqam.ca/10.3917/rfdc.071.0513
- De Villers, G. et Omasombo Tshonda, J. (2002) « An intransitive transition », *Review of African Political Economy*, 29:93-94, pp. 399-410.
- Dobry, M. « Les voies incertaines de la transitologie : choix stratégiques, séquences historiques, bifurcations et processus de path dépendance ». *Revue française de science politique*, 50e années, n° 4-5, 2000. pp. 585-614. https://www.persee.fr/doc/rfsp_0035-2950_2000_num_50_4_395499
- Du Bois de Gaudusson, J. « L'Afrique des après-conférences nationales », Salvaing, B (Dir) (2015), *pouvoirs anciens, pouvoirs modernes de l'Afrique d'aujourd'hui*, Rennes : Presses universitaires de Rennes, pp. 195-199.
- Dufy, C. et Thiriot, C. (2013). « Les apories de la transitologie : quelques pistes de recherche à la lumière d'exemples africains et postsoviétiques », *Revue internationale de politique comparée*, vol. 20 (3), pp. 19-40. https://doi-org.proxy.bibliotheques.uqam.ca/10.3917/ripc.203.0019
- Ethier (D.), « Processes of Transition and Democratic Consolidation : Theoretical Indicators" dans D. Ethier (ed.), *Democratic Transition and Consolidation in Southern Europe, America and Southeast Asia*, Houndmills, Londres:Macmillan, 1990, pp. 3-21.
- Freitag, M. (1993), « La recherche dans l'université et la société. Le bateau ne coule pas encore, mais l'eau monte... », *Société,* 11 (été), pp. 7-42.
- Guilhot, N et Schmitter, PC « De la transition à la consolidation : Une lecture rétrospective des démocratisations studios », *Revue française de science politique*, août-octobre 2000, Vol. 50, No. 4/5, pp. 615-631.
- Holo T. « La présidence impériale : du Potomac au Sahel », *Revue béninoise de sciences juridiques et administratives*, n° 9 — décembre 1987.

- Hourquebie F. « Néo-constitutionnalisme et contenu des constitutions de transition : quelle marge de manœuvre pour les constitutions de transition ? » *Annuaire international de justice constitutionnelle*, 30-2014, 2015. Juges constitutionnels et doctrine — Constitutions et transitions. pp. 587-602. https://doi.org/10.3406/aijc.2015.2258
- Lutundula Apala Pen'Apala, C. « Analyse de la légitimation de la transition et de la nouvelle République Démocratique du Congo », *AfrikaFocus*, Vol. 13, Nr. 1-4, 1997, pp. 9-30.
- Machelon, J. (1999). La Constitution du 5 fructidor an III (22 août 1795) : archaïsme ou modernité ? Gérard Conac (Ed), *La Constitution de l'an III : Boissy d'Anglas et la naissance du libéralisme constitutionnel*, Paris : Presses universitaires de France, pp. 29-37. https://doi-org.proxy.bibliotheques.uqam.ca/10.3917/puf.conac.1999.01.0029
- Perlo, N. « Les Constitutions provisoires, une catégorie normative atypique au cœur des transitions constitutionnelles en Méditerranée », *Revue méditerranéenne de droit public*, Volume III, 2015. http://lm-dp.org/un-extrait-de-la-rmdp-iii-les-constitutions-provisoires-n-perlo/
- Pourtier, R. (2003). « L'Afrique centrale dans la tourmente : Les enjeux de la guerre et de la paix au Congo et alentour », *Hérodote*, 111 (4), pp. 11-39.
- Reyntjens, F « la rébellion au Congo-Zaïre, une affaire de voisins », *Hérodote*, n°. 86-87, 1997, pp. 57-77.
- Reyntjens, F. "The second Congo war: more tant à remake", *African affairs*, 98:391(1999), pp. 241-250.
- Seymour M. L, Kyoung-Ryung S. et Torres, J.C « Une analyse comparative des prérequis sociaux de la démocratie », *Revue internationale des sciences sociales,* n° 136, mai 1993, pp. 181-205.
- Seymour M. Lipset « Some Social Requisites of Democracy », *American Political Science Review*, vol. 53, mars 1959, pp. 69-105.
- Terry Linn, K, « Dilemmas of Democratization in Latin America », *Comparative Politics*, Vol. 23, No. 1 (Oct. 1990), pp. 1-21.
- Tshitshi Ndouba, K. (2019), *le néo-constitutionnalisme africain. Tendances et trajectoires*, Paris : L'Harmattan.
- Tshitshi Ndouba, K. « Les limites du néo-constitutionnalisme africain : réflexions sur les distorsions constitutionnelles dans les états francophones d'Afrique noire, *Revista General de Derecho Público Comparado* 23 (2018).

- Turmel, a. "Le retour du concept d'institution", Turmel, A. (Dir) (1997). *Culture, institution et savoir*, Québec : Les Presses de l'Université Laval/CEFAN, pp. 1-24.
- Ya Rubango, N. "L'agonie de la Deuxième République", *Revue canadienne des Études africaines,* Vol. 33, No. 2/3, Special Issue : French-Speaking Central Africa: Political Dynamics of Identities and Representations (1999), pp. 696-704.

Table des matières

Structures éditoriales du groupe L'Harmattan

L'Harmattan Italie
Via degli Artisti, 15
10124 Torino
harmattan.italia@gmail.com

L'Harmattan Hongrie
Kossuth l. u. 14-16.
1053 Budapest
harmattan@harmattan.hu

L'Harmattan Sénégal
10 VDN en face Mermoz
BP 45034 Dakar-Fann
senharmattan@gmail.com

L'Harmattan Cameroun
TSINGA/FECAFOOT
BP 11486 Yaoundé
inkoukam@gmail.com

L'Harmattan Burkina Faso
Achille Somé – tengnule@hotmail.fr

L'Harmattan Guinée
Almamya, rue KA 028 OKB Agency
BP 3470 Conakry
harmattanguinee@yahoo.fr

L'Harmattan RDC
185, avenue Nyangwe
Commune de Lingwala – Kinshasa
matangilamusadila@yahoo.fr

L'Harmattan Congo
67, boulevard Denis-Sassou-N'Guesso
BP 2874 Brazzaville
harmattan.congo@yahoo.fr

L'Harmattan Mali
ACI 2000 - Immeuble Mgr Jean Marie Cisse
Bureau 10
BP 145 Bamako-Mali
mali@harmattan.fr

L'Harmattan Togo
Djidjole – Lomé
Maison Amela
face EPP BATOME
ddamela@aol.com

L'Harmattan Côte d'Ivoire
Résidence Karl – Cité des Arts
Abidjan-Cocody
03 BP 1588 Abidjan
espace_harmattan.ci@hotmail.fr

Nos librairies en France

Librairie internationale
16, rue des Écoles
75005 Paris
librairie.internationale@harmattan.fr
01 40 46 79 11
www.librairieharmattan.com

Librairie des savoirs
21, rue des Écoles
75005 Paris
librairie.sh@harmattan.fr
01 46 34 13 71
www.librairieharmattansh.com

Librairie Le Lucernaire
53, rue Notre-Dame-des-Champs
75006 Paris
librairie@lucernaire.fr
01 42 22 67 13

www.ingramcontent.com/pod-product-compliance
Lightning Source LLC
LaVergne TN
LVHW010922061026
849535LV00007B/2194
9782140258480